उसके तेवर समझना भी आसां नहीं
बात औरों की थी, हम निगाहों में थे

वाणी प्रकाशन

मेरा क्या

ग़ज़ल संग्रह

वसीम बरेलवी

वो झूठ बोल रहा था बड़े सलीक़े से
मैं एतबार न करता, तो और क्या करता

वाणी प्रकाशन

4695, 21-ए, दरियागंज, नयी दिल्ली 110 002

शाखा

अशोक राजपथ, पटना 800 004

फ़ोन : +91 11 23273167 फ़ैक्स : +91 11 23275710

www.vaniprakashan.in
vaniprakashan@gmail.com
sales@vaniprakashan.in

MERA KYA
by Waseem Barelavi

ISBN : 978-93-5000-794-5
Ghazals

संस्करण 2011
आवृत्ति 2018

मूल्य : ₹ 395

एम.एस प्रिंटर्स, दिल्ली-110 093 में मुद्रित

वाणी प्रकाशन का लोगो मक़बूल फ़िदा हुसेन की कूची से

मुझ से मुझ तक

लफ़्ज़ और एहसास के बीच का फ़ासिला तय करने की कोशिश का नाम ही शाइरी है। मेरे नज़दीक यही वो मक़ाम है, जहां फ़नकार आंसू को ज़बान और मुसकुराहट को इमकान[1] दिया करता है, मगर ये बेनाम फ़ासिला तय करने में कभी-कभी उम्रें बीत जाती हैं और बात नहीं बनती। मैंने शाइरी क़ो अपने हस्सासे वुजूद[2] का इज़हारिया[3] जाना और अपनी हद तक शे'री-ख़ुलूस[4] से बेवफ़ाई नहीं की। यही मेरी कमाई है और मुझे आपके रूबरू लायी है।

ज़िन्दगी की हमाजेहती[5] से आंखें चार करने में दिये की लौ की तरह हवाओं से लड़ना मेरा मुक़द्दर ज़रूर रहा, मगर कहीं कोई एहतजाजी[6] ताक़त थी, जो मुझे संभाले रही और बिखरने से बचाये रही। मेरे शे'रों में ये कैफ़ियत[7] तलाश करना मुश्किल नहीं होना चाहिए। फूल से बात करने, कली से हमकलाम[8] होने, घटाओं के साथ पैंग बढ़ाने, भीगते मौसमों से खुल-खेलने, झरनों की मौसीक़ी[9] में खो जाने और हर हुस्न को अपनी आंखों की अमानत जानने वाले मिज़ाज का अलमिया[10] यह था कि जब ज़िन्दगी की धूप आंखों में उतरी, तो अज़ीयतों[11] के लब खुल गये, मंज़र चुभने लगे और ख़्वाब अपनी बेबसी का एलान करते दिखे, बदलती मानवियतों[12] के हाथों तस्वीरें बनती रहीं, बिगड़ती रहीं, लेकिन रंग एक तस्वीर में न भर पाया। क्या खोया, क्या पाया, यह तो न पूछिये, हां, इतना ज़रूर है कि हिस्सियाती[13] सतह पर शकस्तोरेख़्त[14] ने मेरे शऊर की आबयारी[15] में क्या रोल अदा किया, इसका पता आप ही लगा सकेंगे। शाइरी मदद न करती, तो ज़िन्दगी के अज़ाब[16] जानलेवा साबित हो सकते थे। वह तो ये कहिये कि ज़रिय-ए-इज़हार[17] ने तवाज़ुन[18]

---

1. सम्भावना, 2. अस्तित्व की संवेदनशीलता, 3. अभिव्यक्ति, 4. काव्य की सचाई, 5. बहुआयामी, 6. विरोधात्मक, 7. भाव, 8. बातचीत करना, 9. संगीत, 10. विडम्बना, 11. पीड़ाओं, 12. अर्थों, 13. भावनात्मक, 14. टूट-फूट, 15. पानी देना/सिंचाई करना, 16. दुःख, 17. अभिव्यक्ति का माध्यम, 18. सन्तुलन।

बरक़रार रखने में मदद की और जांसोज़[1] धूप में इक बेज़बान शजर[2] की तरह सिर उठाकर खड़े रहने का तौफीक़[3] अता की।

वसीम कैसे मेरी मंज़िलें क़रीब आतीं
तमाम उम्र इरादे मेरे सफ़र में रहे

यह भी एक बड़ा सच है कि फ़नकार[4] अपने अलावा सभी का दोस्त होता है, इसीलिए तख़लीक़कारी[5] और दुनियादारी में कभी नहीं बनती। अब रही नफ़ा और नुक्सान की बात, तो इसके पैमाने फ़नकार की दुनिया में और हैं, दुनियादारों की दुनिया में और। यह सब कहकर मैं अपनी फ़ितरी[6] बेनियाज़ी[7] और शबोरोज़[8] की मस्रूफ़ियत[9] के लिये जवाज़[10] ज़रूर तलाश कर रहा हूं, मगर हक़ यह है कि मुतमइन[11] मैं ख़ुद भी नहीं, फिर भला आप क्यों होने लगे ?

बहरहाल, मेरी फ़िक्री शबबेदारियों[12] का यह इज़हार पेशे ख़िदमत है। शबबेदारियों के ये इज़हारिए[13] अगर आपकी मतजससि[14] खिलवतों[15] के वज़्ज़दार[16] हमसफ़र[17] बन सके, तो मेरी खुदफ़रेबी[18] बड़े कर्ब[19] से बच जायेगी।

— वसीम बरेलवी

---

1. शरीर को झुलसा देने वाली, 2. पेड़, 3. अवसर, 4. कलाकार, 5. सृजन, 6. स्वाभाविक, 7. निर्लिप्तता, 8. रात-दिन, 9. व्यस्तता 10. औचित्य, 11. सन्तुष्ट, 12. रतजगे, 13. प्रस्तुति, 14. जिज्ञासामय, 15. एकान्त, 16.अन्त तक निबाहने वाला, 17. सहयात्री, 18. आत्मवञ्चना, 19. बेचैनी।

अनुक्रमांक

ज़रा-सा क़तरा कहीं आज अगर उभरता है

ज़रा-सा क़तरा कहीं आज अगर उभरता है
समन्दरों ही के लहजे में बात करता है

खुली छतों के दिये कब के बुझ गये होते
कोई तो है, जो हवाओं के पर कतरता है

शराफ़तों की यहां कोई अहमियत[1] ही नहीं
किसी का कुछ न बिगाड़ो, तो कौन डरता है

यह देखना है कि सहरा[2] भी है, समन्दर भी
वह मेरी तश्नालबी[3] किसके नाम करता है

तुम आ गये हो, तो कुछ चांदनी-सी बातें हों
ज़मीं पे चांद कहां रोज़-रोज़ उतरता है

ज़मीं की कैसी वकालत हो, फिर नहीं चलती
जब आसमां से कोई फ़ैसला उतरता है

---

1. महत्ता, 2. मरुस्थल, 3. प्यास।

खुल के मिलने का सलीक़ा आपको आता नहीं

खुल के मिलने का सलीक़ा आपको आता नहीं
और मेरे पास कोई चोर दरवाज़ा नहीं

वो समझता था, उसे पाकर ही मैं रह जाऊंगा
उसको मेरी प्यास की शिद्दत[1] का अन्दाज़ा नहीं

जा, दिखा दुनिया को, मुझको क्या दिखाता है, ग़रूर
तू समन्दर है, तो हो, मैं तो मगर प्यासा नहीं

कोई भी दस्तक करे, आहट हो या आवाज़ दे
मेरे हाथों में मेरा घर तो है, दरवाज़ा नहीं

अपनों को अपना कहा, चाहे किसी दर्जे के हों
और जब ऐसा किया मैंने, तो शरमाया नहीं

उसकी महफ़िल में उन्हीं की रौशनी, जिनके चराग़
मैं भी कुछ होता, तो मेरा भी दिया होता नहीं

तुझ से क्या बिछड़ा, मेरी सारी हक़ीक़त[2] खुल गयी
अब कोई मौसम मिले, तो मुझ से शरमाता नहीं

---

1. तीव्रता, 2. वास्तविकता।

तुम्हें ग़मों का समझना अगर न आयेगा

तुम्हें ग़मों का समझना अगर न आयेगा
तो मेरी आंख में आंसू नज़र न आयेगा

ये ज़िन्दगी का मुसाफ़िर, ये बेवफ़ा लम्हा
चला गया, तो कभी लौटकर न आयेगा

बनेंगे ऊंचे मकानों में बैठकर नक़्शे
तो अपने हिस्से में मिट्टी का घर न आयेगा

मना रहे हैं बहुत दिन से जश्न-ए-तश्नालबी[1]
हमें पता था, ये बादल इधर न आयेगा

लगेगी आग, तो सिम्त-ए-सफ़र[2] न देखेगी
मकान शह्र में कोई नज़र न आयेगा

'वसीम' अपने अंधेरों का ख़ुद इलाज करो
कोई चराग़ जलाने इधर न आयेगा।

---

1. प्यास का समारोह, 2. यात्रा की दिशा।

मुहब्बत नामसझ होती है, समझाना ज़रूरी है

मुहब्बत नामसझ होती है, समझाना ज़रूरी है
जो दिल में है, उसे आंखों से कहलाना ज़रूरी है

उसूलों पर जहां आंच आये, टकराना ज़रूरी है
जो ज़िन्दा हो, तो फिर ज़िन्दा नज़र आना ज़रूरी है

नई उम्रों की ख़ुदमुख़्तारियों[1] को कौन समझाये
कहां से बच के चलना है, कहां जाना ज़रूरी है

थके-हारे परिन्दे जब बसेरे के लिए लौटें
सलीक़ामन्द[2] शाख़ों का लचक जाना ज़रूरी है

बहुत बेबाक आंखों में तअल्लुक़[3] टिक नहीं पाता
मुहब्बत में कशिश[4] रखने को शरमाना ज़रूरी है

सलीक़ा ही नहीं, शायद उसे महसूस करने का
जो कहता है ख़ुदा है, तो नज़र आना ज़रूरी है

मेरे होठों पे अपनी प्यास रख दो और फिर सोचो
कि इसके बाद भी दुनिया में कुछ पाना ज़रूरी है

---

1. स्वाधिकार, 2. व्यवहारकुशल, 3. सम्बन्ध, 4. आकर्षण।

अच्छा है, जो मिला, वह कहीं छूटता गया

अच्छा है, जो मिला, वह कहीं छूटता गया
मुड़-मुड़ के ज़िन्दगी की तरफ़ देखना गया

मैं, ख़ाली जेब, सब की निगाहों में आ गया
सड़कों पे भीख मांगने वालों का क्या गया

जाना ही था, तो जाता, उसे इख़्तियार[1] था
जाते हुए यह बात मुझे क्यों बता गया

क्यों मुझमें ढूंढ़ता है वह पहला-सा एतबार[2]
जब उसकी ज़िन्दगी में कोई और आ गया

उसने भी छोड़ दी मेरे बारे में गुफ़्तगू[3]
कुछ दिन के बाद मैं भी उसे भूल-सा गया

मेले की रौनक़ों[4] में बहुत गुम[5] तो हो 'वसीम'
घर लौटने का वक़्त मियां सर पे आ गया

---

1. अधिकार, 2. विश्वास, 3. वार्तालाप, 4. चमक-दमक, 5. खोये हुए।

भला ग़मों से कहां हार जाने वाले थे

भला ग़मों से कहां हार जाने वाले थे
हम आंसुओं की तरह मुसकुराने वाले थे

हमीं ने कर दिया एलान-ए-गुमराही[1] वर्ना
हमारे पीछे बहुत लोग आने वाले थे

इन्हें तो ख़ाक में मिलना ही था कि मेरे थे
यह अश्क[2] कौन से ऊंचे घराने वाले थे

उन्हें क़रीब न होने दिया कभी मैंने
जो दोस्ती में हदें भूल जाने वाले थे

मैं जिनको जान के पहचान भी नहीं सकता
कुछ ऐसे लोग मेरा घर जलाने वाले थे

हमारा अलमिया[3] यह था कि हमसफ़र भी हमें
वही मिले, जो बहुत याद आने वाले थे

'वसीम' कैसी तअल्लुक़[4] की राह थी, जिसमें
वही मिले, जो बहुत दिल दुखाने वाले थे

---

1. पथ-भ्रष्ट होने की घोषणा, 2. अश्रु, 3. विडम्बना, 4. सम्बन्ध।

क़तरा अब एहतिजाज करे भी, तो क्या मिले

क़तरा अब एहतिजाज[1] करे भी, तो क्या मिले
दरिया जो लग रहे थे, समन्दर से जा मिले

हर शख़्स दौड़ता है यहां भीड़ की तरफ़
फिर यह भी चाहता है, उसे रास्ता मिले

इस आर्ज़ू ने और तमाशा बना दिया
जो भी मिले, हमारी तरफ़ देखता मिले

दुनिया को दूसरों की नज़र से न देखिये
चेहरे न पढ़ सके, तो किताबों में क्या मिले

रिश्तों को बार-बार समझने की आर्ज़ू
कहती है, फिर मिले, तो कोई बेवफ़ा मिले

इस दौर-ए-मुंसिफ़ी[2] में ज़रूरी नहीं 'वसीम'
जिस शख़्स की ख़ता[3] हो, उसी को सज़ा मिले

---

1. विरोध, 2. न्याय का युग, 3. अपराध।

सभी का धूप से बचने को सर नहीं होता

सभी का धूप से बचने को सर नहीं होता
हर आदमी के मुक़द्दर में घर नहीं होता

कभी लहू से भी तारीख़ लिखनी पड़ती है
हर एक मारिका[1] बातों से सर नहीं होता

मैं उसकी आंख का आंसू न बन सका, वर्ना
मुझे भी ख़ाक में मिलने का डर नहीं होता

मुझे तलाश करोगे, तो फिर न पाओगे
मैं इक सदा हूं, सदाओं का घर नहीं होता

हमारी आंख के आंसू की अपनी दुनिया है
किसी फ़क़ीर को शाहों का डर नहीं होता

क़लम उठाये मेरे हाथ थक गये, फिर भी
तुम्हारे घर की तरह मेरा घर नहीं होता

मैं उस मकान में रहता हूं और ज़िन्दा हूं
'वसीम' जिसमें हवा का गुज़र नहीं होता

---

1. संघर्ष।

कैसा दरिया है कि प्यासा तो न मरने देगा

कैसा दरिया है कि प्यासा तो न मरने देगा
अपनी गहराई का अन्दाज़ा[1] न करने देगा

ख़ाक-ए-पा[2] हो के मिलो, जिससे मिलो, फिर देखो
इस बुलन्दी[3] से तुम्हें कौन उतरने देगा

प्यार तहज़ीब-ए-तअल्लुक़[4] का अजब बन्धन है
कोई चाहे, तो हदें पार न करने देगा

डूब जाने को, जो तक़्दीर समझ बैठे हों
ऐसे लोगों में मुझे कौन उभरने देगा

सब से जीती भी रहे, सब की चहीती भी रहे
ज़िन्दगी, ऐसे तुझे कौन गुज़रने देगा

दिल को समझाओ कि बेकार परेशां है 'वसीम'
अपनी मनमानी उसे कोई न करने देगा

---

1. अनुमान, 2. चरण-रज, 3. ऊंचाई, 4. सम्बन्धों की संस्कृति।

अपने चेहरे से जो ज़ाहिर है छुपायें कैसे

अपने चेहरे से जो ज़ाहिर है छुपायें कैसे
तेरी मर्ज़ी के मुताबिक़[1] नज़र आयें कैसे

घर सजाने का तसव्वुर[2] तो बहुत बाद का है
पहले यह तय हो कि इस घर को बचायें कैसे

लाख तलवारें बढ़ी आती हों गरदन की तरफ़
सर झुकाना नहीं आता, तो झुकायें कैसे

क़हक़हा आंख का बर्ताव[3] बदल देता है
हंसने वाले तुझे आंसू नज़र आयें कैसे

फूल से रंग जुदा होना कोई खेल नहीं
अपनी मिट्टी को कहीं छोड़ के जायें कैसे

कोई अपनी ही नज़र से तो हमें देखेगा
एक क़तरे को समन्दर नज़र आयें कैसे

जिसने दानिस्ता[4] किया हो नज़रअन्दाज़[5] 'वसीम'
उसको कुछ याद दिलायें, तो दिलायें कैसे

---

1. अनुसार, 2. कल्पना, 3. व्यवहार, 4. जान-बूझकर, 5. उपेक्षित।

दुख अपना अगर हमको बताना नहीं आता

दुख अपना अगर हमको बताना नहीं आता
तुम को भी तो अन्दाज़ा[1] लगाना नहीं आता

पहुंचा है बुज़ुर्गों[2] के बयानों से जो हम तक
क्या बात हुई, क्यों वो ज़माना नहीं आता

मैं भी उसे खोने का हुनर सीख न पाया
उसको भी मुझे छोड़ के जाना नहीं आता

इस छोटे ज़माने के बड़े कैसे बनोगे
लोगों को जब आपस में लड़ाना नहीं आता

ढूंढ़े है तो पलकों पे चमकने के बहाने
आंसू को मेरी आंख में आना नहीं आता

तारीख़[3] की आंखों में धुआं हो गये ख़ुद ही
तुम को तो कोई घर भी जलाना नहीं आता

---

1. अनुमान, 2. पूर्वजों, 3. इतिहास।

अब ऐसा घर के दरीचों को बन्द क्या रखना

अब ऐसा घर के दरीचों[1] को बन्द क्या रखना
हवा के आने का कोई तो रास्ता रखना

तअल्लुक़ात[2] कभी एक-से नहीं रहते
उसे गंवा के भी जीने का हौसला रखना

जब अपने लोग ही आयेंगे लूटने के लिए
तो दोस्ती का तक़ाज़ा[3] है, घर खुला रखना

यह कुर्बतें[4] ही बड़े इम्तिहान लेती हैं
किसी से वास्ता रखना, तो दूर का रखना

तमाम झगड़े यहां मिल्कियत[5] के होते हैं
कहीं भी रहना, मगर घर किराए का रखना

बड़े-बड़ों को यहां हाथ तापना होंगे
जले मकानों को कुछ दिन यूं ही जला रखना

'वसीम' दिल्ली की सड़कों पे रात भारी है
सिरहाने मीर का दीवान[6] ही खुला रखना

---

1. खिड़कियों, 2. सम्बन्ध, 3. मांग, 4. नज़दीकियां, 5. स्वामित्व, 6. काव्य-संकलन।

मैं आसमां पे बहुत देर रह नहीं सकता

मैं आसमां पे बहुत देर रह नहीं सकता
मगर यह बात ज़मीं से तो कह नहीं सकता

किसी के चेहरे को कब तक निगाह में रक्खूं
सफ़र में एक ही मंज़र तो रह नहीं सकता

यह आज़माने की फ़ुर्सत तुझे कभी मिल जाये
मैं आंखों-आंखों में क्या बात कह नहीं सकता

सहारा लेना ही पड़ता है मुझको दरिया का
मैं एक क़तरा हूं तनहा तो बह नहीं सकता

लगा के देख ले, जो भी हिसाब आता हो
मुझे घटा के वह गिनती में रह नहीं सकता

यह चन्द लम्हों[1] की बेइख़्तियारियां[2] हैं 'वसीम'
गुनाह[3] से रिश्ता बहुत देर रह नहीं सकता

---

1. क्षणों, 2. क़ाबू न होना, 3. पाप।

हम अपने आपको इक मसलआ बना न सके

हम अपने आपको इक मसलआ[1] बना न सके
इसीलिए तो किसी की नज़र में आ न सके

हम आंसुओं की तरह वासिते[2] निभा न सके
रहे जिन आंखों में, उनमें ही घर बना न सके

फिर आंधियों ने सिखाया वहां सफ़र का हुनर[3]
जहां चराग़ हमें रास्ता दिखा न सके

जो पेश-पेश थे बस्ती बचाने वालों में
लगी जब आग, तो अपना भी घर बचा न सके

मेरे ख़ुदा किसी ऐसी जगह उसे रखना
जहां कोई मेरे बारे में कुछ बता न सके

तमाम उम्र की कोशिश का बस यही हासिल[4]
किसी को अपने मुताबिक़[5] कोई बना न सके

तसल्लियों पे बहुत दिन जिया नहीं जाता
कुछ ऐसा हो कि तेरा एतबार आ न सके

---

1. समस्या, 2. सम्बन्ध, 3. कला, 4. सारांश, 5. अनुसार।

वह मेरे घर नहीं आता, मैं उसके घर नहीं जाता

वह मेरे घर नहीं आता, मैं उसके घर नहीं जाता
मगर इन एहतियातों से तअल्लुक़ मर नहीं जाता

बुरे-अच्छे हों, जैसे भी हों, सब रिश्ते यहीं के हैं
किसी को साथ दुनिया से कोई लेकर नहीं जाता

घरों की तरबियत[1] क्या आ गयी टी.वी. के हाथों में
कोई बच्चा अब अपने बाप के ऊपर नहीं जाता

खुले थे शहर में सौ दर, मगर इक हद के अन्दर ही
कहां जाता, अगर मैं लौट के फिर घर नहीं जाता

मुहब्बत के यह आंसू हैं, इन्हें आंखों में रहने दो
शरीफ़ों के घरों का मसअला[2] बाहर नहीं जाता

'वसीम' उससे कहो, दुनिया बहुत महदूद[3] है मेरी
किसी दर का जो हो जाये, वो फिर दर-दर नहीं जाता

---

1. देखभाल, प्रशिक्षण, 2. समस्या, 3. सीमित।

चलो हम ही पहल कर दें कि हमसे बदगुमां क्यों हो

चलो हम ही पहल कर दें कि हमसे बदगुमां क्यों हो
कोई रिश्ता ज़रा-सी ज़िद की ख़ातिर राएगां[1] क्यों हो

मैं ज़िन्दा हूं, तो इस ज़िन्दा-ज़मीरी[2] की बदौलत[3] ही
जो बोले तेरे लहजे में, भला मेरी ज़बां क्यों हो

सवाल आख़िर यह इक दिन देखना हम ही उठायेंगे
न समझे जो ज़मीं के ग़म, वह अपना आसमां क्यों हो

हमारी गुफ़्तगू[4] की और भी सम्तें[5] बहुत-सी हैं
किसी का दिल दुखाने ही को फिर अपनी ज़बां क्यों हो

बिखरकर रह गया हमसायगी[6] का ख़्वाब ही, वर्ना
दिये इस घर में रौशन हों, तो उस घर में धुआं क्यों हो

मुहब्बत आसमां को जब ज़मीं करने की ज़िद ठहरी
तो फिर बुज़दिल उसूलों की शराफ़त दरमियां क्यों हो

उमीदें सारी दुनियां से 'वसीम' और ख़ुद में ऐसे गुम
किसी पे कुछ न ज़ाहिर हो, तो कोई मेहबां क्यों हो

---

1. बरबाद, 2. अन्तरात्मा का जीवित होना, 3. कारण, 4. वार्ता, 5. दिशाएं. 6. पड़ोस।

हमारा अज़्म-ए-सफ़र कब किधर का हो जाये

हमारा अज़्म-ए-सफ़र[1] कब किधर का हो जाये
यह वो नहीं जो किसी रहगुज़र का हो जाये

उसी को जीने का हक़ है, जो इस ज़माने में
इधर का लगता रहे और उधर का हो जाये

खुली हवाओं में उड़ना तो उसकी फ़ित्रत[2] है
परिन्दा क्यों किसी शाख़-ए-शजर[3] का हो जाये

मैं लाख चाहूं, मगर हो तो यह नहीं सकता
कि तेरा चेहरा मेरी ही नज़र का हो जाये

मेरा न होने से क्या फ़र्क़ उसको पड़ना है
पता चले, जो किसी कम-नज़र का हो जाये

'वसीम' सुबह की तनहाई-ए-सफ़र[4] सोचो
मुशाइरा तो चलो रात-भर का हो जाये

---

1. यात्रा का दृढ़निश्चय, 2. प्रकृति, 3. पेड़ की डाल, 4. यात्रा का एकाकीपन।

ज़िन्दगी कितने ज़ख़्म खाये है

ज़िन्दगी कितने ज़ख़्म खाये है
फिर भी क्या शय है, मुसकुराये है

उम्र-ए-एहसास[1] रुक-सी जाये है
जब भी तेरा ख़याल आये है

घर तो घर, ज़ह्न[2] भी जल उठते हैं
आग ऐसी कोई लगाये है

मैं तो गहरा कुआं हूं ऐ लोगो!
कौन मेरे क़रीब आये है

मैं तुझे भूल तो गया होता
क्या करूं, याद आ ही जाये है

दश्त-ए-शब[3] में वो एक चीख़ की गूंज
कौन सन्नाटे को रुलाये है

जाने किस का है इन्तिज़ार 'वसीम'
ज़िन्दगी है कि गुज़री जाये है

---

1. अनुभूति की आयु, 2. दिमाग़, 3. रात्रि का मरुस्थल।

तुम्हारी राह में मिट्टी के घर नहीं आते

तुम्हारी राह में मिट्टी के घर नहीं आते
इसीलिए तो तुम्हें हम नज़र नहीं आते

मुहब्बतों के दिनों की यही ख़राबी है
यह रूठ जायें, तो फिर लौटकर नहीं आते

जिन्हें सलीक़ा[1] है तहज़ीब-ए-ग़म[2] समझने का
उन्हीं के रोने में आंसू नज़र नहीं आते

ख़ुशी की आंख में आंसू की भी जगह रखना
बुरे ज़माने कभी पूछकर नहीं आते

बिसाते-इश्क़[3] पे बढ़ना किसे नहीं आता
यह और बात कि बचने के घर नहीं आते

'वसीम' ज़ह्न[4] बनाते हैं, तो वही अख़बार
जो ले के एक भी अच्छी ख़बर नहीं आते

1. ढंग, 2. दु:ख की संस्कृति, 3. प्रेम की बाज़ी, 4. मानसिकता।

आवाज़ का लबों से बहुत फ़ासिला न था

आवाज़ का लबों से बहुत फ़ासिला न था
लेकिन वो ख़ौफ़ था कि कोई बोलता न था

आंसू को एतबार के क़ाबिल समझ लिया
मैं ख़ुद ही छोटा निकला, तेरा ग़म बड़ा न था

उसने ही मुझको देखा ज़माने की आंख से
जिसको मेरी नज़र से कोई देखता न था

उन अजनबीयतों[1] के सताये हैं इन दिनों
जैसे कभी किसी से कोई वासिता न था

हर मोड़ पर उम्मीद थी, हर सोच आर्ज़ू
ख़ुद से फ़रार का भी कोई रास्ता न था

अपना यह अलमिया है कि हम ज़ह्नी तौर पर
उस शह्र में रहे, जो अभी तक बसा न था

कैसी गिरावटों पे खड़ी थीं, मगर 'वसीम'
ऊंची इमारतों से कोई पूछता न था

---

1. अपरिचित।

अपने साए को इतना समझाने दे

अपने साए को इतना समझाने दे
मुझ तक मेरे हिस्से की धूप आने दे

एक नज़र में कई ज़माने देखे, तो
बूढ़ी आंखों की तस्वीर बनाने दे

बाबा दुनिया जीत के मैं दिखला दूंगा
अपनी नज़र से दूर तो मुझको जाने दे

मैं भी तो इस बाग़ का एक परिन्दा हूं
मेरी ही आवाज़ में मुझको गाने दे

फिर तो यह ऊंचा ही होता जायेगा
बचपन के हाथों में चांद आ जाने दे

फ़सलें पक जायें, तो खेत से बिछड़ेंगी
रोती आंख को प्यार कहां, समझाने दे

जीते हैं, किरदार नहीं है

जीते हैं, किरदार[1] नहीं है
नाव तो है, पतवार नहीं है

मेरा ग़म मझधार नहीं है
ग़म है, कोई उस पार नहीं है

खोना-पाना मैं क्या जानूं
प्यार है, कारोबार नहीं है

सजदा[2] वहां इक सर की वर्ज़िश[3]
सर पे जहां तलवार नहीं है

ज़ह्नों में दीवार न हो, तो
मिलना कोई दुशवार नहीं है

मैं भी कुछ ऐसा दूर नहीं हूं
तू भी समन्दर-पार नहीं है

पहले तोलो, फिर कुछ बोलो
लफ़्ज़ कोई बेकार नहीं है

मैं सबसे झुककर मिलता हूं
मेरी कहीं भी हार नहीं है

---

1. पात्रता, 2. माथा टेकना, 3. व्यायाम।

वह जो हर आंख को पैमाना नज़र आये है

वह जो हर आंख को पैमाना[1] नज़र आये है
मुझसे मिलती है वही आंख तो भर आये है

कोई साथी, न कोई राह, न सिम्त-ए-मंज़िल[2]
ज़िन्दगी में ही इक ऐसा भी सफ़र आये

लौटता हूं, तो सलीक़े[3] से सजा मिलता है
मेरे पीछे कोई जैसे मेरे घर आये है

ज़िन्दगी फूल-सी नाज़ुक है, मगर ख़्वाबों की
आंख से देखो, तो कांटा-सी नज़र आये है

इन्तिज़ार एक सफ़र है कि जो हो ख़त्म, तो फिर
रात आकाश से आंखों में उतर आये है

मुन्हसिर[4] अब तो इसी आस पे जीना है 'वसीम'
रात के बाद सुना है कि सहर आये है

---

1. मदिरापात्र, 2. गन्तव्य की दिशा, 3. ढंग, 4. आधारित।

अपने अन्दाज़ का अकेला था

अपने अन्दाज़ का अकेला था
इसलिए मैं बड़ा अकेला था

प्यार तो जन्म का अकेला था
क्या मेरा तजरबा[1] अकेला था

साथ तेरा न कुछ बदल पाया
मेरा ही रास्ता अकेला था

बख़्शिश-ए-बेहिसाब[2] के आगे
मेरा दस्ते-दुआ[3] अकेला था

तेरी समझौतेबाज़ दुनिया में
कौन मेरे सिवा अकेला था

जो भी मिलता, गले लगा लेता
किस क़दर आईना अकेला था

---

1. प्रयोग, 2. असीम कृपा, 3. दुआ का हाथ।

वो प्यार, जिसके लिए हमने क्या गंवा न दिया

वो प्यार, जिसके लिए हमने क्या गंवा न दिया
उसी ने बच के निकलने का रास्ता न दिया

कोई नज़र में रहा भी, तो इस सलीक़े[1] से
कि मैंने उसके ही घर का उसे पता न दिया

जब एक बार जला लीं हथेलियां अपनी
तो फिर ख़ुदा ने भी उस हाथ में दिया न दिया

यह गुमरही[2] का भी नश्शा अजीब था, वर्ना
गुनाहगार ने रस्ता, न फ़ासिला, न दिया

ज़बां से दिल के सभी फ़ैसले नहीं होते
उसे भुलाने को कहते तो थे, भुला न दिया

'वसीम' उसके ही घर और उस पे ही तन्क़ीद[3]
यही बहुत है कि उसने तुम्हें उठा न दिया

---

1. ढंग, 2. पथभ्रष्ट, 3. आलोचना।

मेरी धूपों के सर को रिदा कौन दे

मेरी धूपों के सर को रिदा[1] कौन दे
नींद में यह मुझे फूल-सा कौन दे

ख़ुद चलो, तो चलो, आसरा[2] कौन दे
भीड़ के दौर में रास्ता कौन दे

ज़ुल्म किसने किया, कौन मज़्लूम[3] था
सबको मालूम है, फिर बता कौन दे

यह ज़माना अकेले मुसाफ़िर का है
इस ज़माने को फिर रहनुमा[4] कौन दे

अपने आगे किसी को समझता नहीं
उसके हाथों में इक आईना कौन दे

दिल सभी का दुखा है, मगर ऐ 'वसीम'
देखना है, उसे बददुआ[5] कौन दे

---

1. चादर, 2. आश्रय, 3. प्रताड़ित, 4. पथ-प्रदर्शक, 5. श्राप।

वो बे-हिसी के दिन आये कि कुछ हुआ न लगा

वो बे-हिसी[1] के दिन आये कि कुछ हुआ न लगा
कब उसको भूल गये, ये भी तो पता न लगा

बिछड़ते वक़्त दिलासे, न खोखले वादे
वह पहली बार मुझे आज बेवफ़ा न लगा

जहां पे दस्तकें पहचानकर जवाब मिले
गुज़र भी ऐसे मकां से हो, तो सदा न लगा

यह देखने का सलीक़ा[2] भी किसको आता है
कि उसने देखा मुझे और देखता न लगा

'वसीम' अपने गरेबां[3] में झांककर देखा
तो अपने चारों तरफ़ कोई भी बुरा न लगा

---

1. संवदेनहीनता, 2. ढंग।

कुछ इतना ख़ौफ़ का मारा हुआ भी प्यार न हो

कुछ इतना ख़ौफ़ का मारा हुआ भी प्यार न हो
वो एतबार[1] दिलाये और एतबार न हो

हवा ख़िलाफ़ हो, मौजों पे इख़्तियार[2] न हो
यह कैसी ज़िद है कि दरिया किसी से पार न हो

मैं गांव लौट रहा हूं बहुत दिनों के बाद
ख़ुदा करे कि उसे मेरा इन्तिज़ार न हो

ज़रा-सी बात पे घुट-घुट के सुबह कर देना
मेरी तरह भी कोई मेरा ग़मगुसार[3] न हो

दुखी समाज में आंसू, भरे ज़माने में
उसे ये कौन बताये कि अश्कबार[4] न हो

गुनाहगारों पे उंगली उठाये देते हो
'वसीम' आज कहीं तुम भी संगसार[5] न हो

---

1. विश्वास, 2. अधिकार, 3. हमदर्द, 4. आंसू बहाना, 5. पत्थर मारकर सज़ा देने की प्रथा।

क्या दुख है, समन्दर को बता भी नहीं सकता

क्या दुख है, समन्दर को बता भी नहीं सकता
आंसू की तरह आंख तक आ भी नहीं सकता

तू छोड़ रहा है, तो ख़ता इसमें तेरी क्या
हर शख़्स मेरा साथ निभा भी नहीं सकता

प्यासे रहे जाते हैं ज़माने के सवालात
किसके लिए ज़िन्दा हूं, बता भी नहीं सकता

घर ढूंढ़ रहे हैं मेरा रातों के पुजारी
मैं हूं कि चराग़ों को बुझा भी नहीं सकता

वैसे तो इक आंसू ही बहाकर मुझे ले जाये
ऐसे कोई तूफ़ान हिला भी नहीं सकता

कहां सवाब, कहां क्या अज़ाब होता है

कहां सवाब[1], कहां क्या अज़ाब[2] होता है
मुहब्बतों में कब इतना हिसाब होता है

बिछड़ के मुझसे तुम अपनी कशिश न खो देना
उदास रहने से चेहरा ख़राब होता है

उसे पता ही नहीं है कि प्यार की बाज़ी
जो हार जाये, वही कामयाब होता है

जब उसके पास गंवाने को कुछ नहीं होता
तो कोई आज का इज़्ज़तमआब[3] होता है

जिसे मैं लिखता हूं ऐसे कि ख़ुद ही पढ़ पाऊं
किताब-ए-ज़ीस्त[4] में ऐसा भी बाब[5] होता है

बहुत भरोसा न कर लेना अपनी आंखों पर
दिखाई देता है जो कुछ, वो ख़्वाब होता है

---

1. पुण्य, 2. दु:ख, 3. आदरणीय, 4. जीवन-ग्रन्थ, 5. अध्याय।

मैं जैसे चाहूं, जिऊं, मेरी ज़िन्दगी है मियां

मैं जैसे चाहूं, जिऊं, मेरी ज़िन्दगी है मियां
तुम्हें सलीक़ा सिखाने की क्या पड़ी है मियां

किसी से बिछड़ो, तो ये सोचकर बिछड़ जाना
तअल्लुक़ात से यह ज़िन्दगी बड़ी है मियां

तुम्हारी सोचों के अकसर ख़िलाफ़ होता है
तुम्हारे बारे में दुनिया जो सोचती है मियां

इस इन्तिज़ार में क्यों हो, वो लौट आयेगा
तुम्हारे प्यार में शायद कोई कमी है मियां

बिछड़ गये, तो किसी रोज़ मिल भी जाओगे
यह दुनिया ऐसी कहां की बहुत बड़ी है मियां

हद से बढ़ के तअल्लुक़ निभाया नहीं

हद[1] से बढ़ के तअल्लुक़[1] निभाया नहीं
मैंने इतना भी ख़ुद को गंवाया नहीं

जाते-जाते मुझे कैसा हक़ दे गया
वो पराया भी हो के पराया नहीं

प्यार को छोड़ के बाक़ी हर खेल में
जितना खोना पड़ा, उतना पाया नहीं

वापसी का सफ़र कितना दुश्वार[3] था
चाहकर भी उसे भूल पाया नहीं

उम्र सारी तमाशों में गुज़री मगर
मैंने ख़ुद को तमाशा बनाया नहीं

ज़िन्दगी का ये लम्बा सफ़र और 'वसीम'
जेब में दो क़दम का किराया नहीं

---

1. सीमा, 2. सम्बन्ध, 3. कठिन।

उदास एक मुझी को तो कर नहीं जाता

उदास एक मुझी को तो कर नहीं जाता
वह मुझसे रुठ के अपने भी घर नहीं जाता

वह दिन गये कि मुहब्बत थी जान की बाज़ी
किसी से अब कोई बिछड़े, तो मर नहीं जाता

तुम्हारा प्यार तो सांसों में सांस लेता है
जो होता नश्शा, तो इक दिन उतर नहीं जाता

पुराने रिश्तों की बेग़रज़ियां[1] न समझेगा
वह अपने ओहदे[2] से जब तक उतर नहीं जाता

'वसीम' उसकी तड़प है, तो उसके पास चलो
कभी कुआं किसी प्यासे के घर नहीं जाता

---

1. स्वार्थ, 2. पद।

तू भी बिखरना सीख ले

तू भी बिखरना सीख ले, अपने जिस्म की पागल ख़ुशबू से
मैं भी हुआ जाता हूं बाहर, अन्देशों[1] के क़ाबू से

मेरा कहलाने का मतलब ये तो नहीं, तू मेरा हो
तेरा-मेरा रिश्ता, जैसे फूल का रिश्ता ख़ुशबू से

संग[2] उठाओ संग कि देखो पत्थर है पत्थर का जवाब
क़िलए[3] ढाने निकले हो और वो भी लरज़ते[4] आंसू से

शाहों ने भी शाही छोड़ के प्यार किया, तो प्यार मिला
दिल की ज़मानें जीत न पाया कोई भी ज़ोर-ए-बाज़ू[5] से

फ़ित्रत[6] ही आज़ाद हो जिसकी, उसका दर्द नहीं जाना
मैंने तो बस, ये चाहा, अपनी मुट्ठी भर लूं ख़ुशबू से

आंखें जख़्मी हैं, तो 'वसीम' अब शिकवा और शिकायत क्या
तुमने भी तो देखना चाहा दुनिया को हर पहलू से

1. सन्देह, 2. पत्थर, 3. दुर्ग, 4. कांपते, 5. भुजबल, 6. प्रकृति।

सोचें, तो ख़ुद से शरमायें

सोचें, तो ख़ुद से शरमायें
किसके हैं, किसके कहलायें

आंख में हों आंसू कहलायें
घर छूटे मिट्‌टी हो जायें

कुछ बातों का हुस्न यही है
दिल में रहें होठों पे न आयें

उम्र ही कितनी इन रंगों की
कैसे तेरी तस्वीर बनायें

और अभी कुछ धोखे दे लो
जाने कब आंखें खुल जायें

तुमसे मिलने को चेहरे बनाना पड़े

तुमसे मिलने को चेहरे बनाना पड़े
क्या दिखायें जो दिल भी दिखाना पड़े

ग़म के घर तक न जाने की कोशिश करो
जाने किस मोड़ पर मुसकुराना पड़े

आग ऐसी लगाने से क्या फ़ायदा
जिसके शोलों को ख़ुद ही बुझाना पड़े

कल का वादा न लो, कौन जाने कि कल
किस को चाहूं, किसे भूल जाना पड़े

खो न देना कहीं ठोकरों का हिसाब
जाने किस-किस को रस्ता बताना पड़े

ऐसे बाज़ार में आये ही क्यों 'वसीम'
अपनी बोली जहां ख़ुद लगाना पड़े

ख़्वाब देखूं, ख़्वाब-सी ताबीर हो सकती नहीं

ख़्वाब देखूं, ख़्वाब-सी ताबीर[1] हो सकती नहीं
जो बदल जाये, मेरी तक़्दीर हो सकती नहीं

मेरी जानिब हों निगाहें, दिल में कोई और हो
इतनी लापरवा तेरी तस्वीर हो सकती नहीं

रौंदते जाते हो रिश्ते, तोड़ते जाते हो दिल
इस तरह तो कोई भी तामीर[2] हो सकती नहीं

कुछ भी सुनने के लिए राज़ी नहीं हैं सामिईन[3]
आज जलसे में कोई तक़्रीर[4] हो सकती नहीं

मैं मुख़ातिब[5] हूं, तो मेरा नाम भी होगा कहीं
इस क़दर बेरब्त[6] यह तह्रीर हो सकती नहीं

---

1. स्वप्न का हाल बताना, 2. निर्माण, 3. श्रोता, 4. व्याख्यान, 5. सम्बोधित, 6. प्रसंगहीन।

रात के हाथ से दिन निकलने लगे

रात के हाथ से दिन निकलने लगे
जायदादों[1] के मालिक बदलने लगे

एक अफ़वाह सब रौनक़ें ले गयी
देखते-देखते शह्र जलने लगे

मैं तो खोया रहूंगा तेरे प्यार में
तू ही कह देना, जब तू बदलने लगे

सोचने से कोई राह मिलती नहीं
चल दिये हैं, तो रस्ते निकलने लगे

छीन ली शोहरतों[2] ने सब आज़ादियां
राह चलतों से रिश्ते निकलने लगे

---

1. सम्पत्ति, 2. प्रसिद्धि।

जो मिला उसको तअल्लुक़ का गुमां रहने दिया

जो मिला उसको तअल्लुक़[1] का गुमां[2] रहने दिया
उसने मेरा ख़्वाब मेरा ही कहां रहने दिया

दुश्मन-ए-तहज़ीब-ए-मशरिक़[3] और क्या चाहेगा तू
हमने टी.वी. को खुला वक़्त-ए-अज़ां[4] रहने दिया

काहे की बहसें[5] मियां, वो हम हुए या तुम हुए
किसने ये हिन्दोस्तां हिन्दोस्तां रहने दिया

इक दिये का चेहरा कोई दूसरा पढ़ने न पाये
घर के आंगन में किसी ने वो धुआं रहने दिया

मैं बनाना चाहता था जिसको ग़ालिब की ग़ज़ल
तुमने उस बस्ती में मेरा घर कहां रहने दिया

---

1. सम्बन्ध, 2. सन्देह, 3. पूर्वी सभ्यता के शत्रु, 4. पूजा के समय, 5. विवाद।

क़तरा हूं, अपनी हद से गुज़रता नहीं

क़तरा[1] हूं, अपनी हद से गुज़रता नहीं
मैं समन्दर को बदनाम करता नहीं

तू अगर एक हद से गुज़रता नहीं
मैं भी अपनी हदें पार करता नहीं

अपनी कम-हिम्मती को दुआ दीजिये
पर किसी के कोई यूं कतरता नहीं

जाने क्या हो गयी इसकी मासूमियत[2]
अब ये बच्चा धमाकों से डरता नहीं

बस, ज़मीं से जुड़ी हैं सभी रौनक़ें
आसमां से कोई घर उतरता नहीं

---

1. बूंद, 2. भोलापन।

क्या बताऊं, कैसा ख़ुद को दरबदर मैंने किया

क्या बताऊं, कैसा ख़ुद को दरबदर मैंने किया
उम्र-भर किस-किसके हिस्से का सफ़र मैंने किया

तू तो नफ़रत भी न कर पायेगा इस शिद्दत[1] के साथ
जिस बला का प्यार, तुझसे बेख़बर मैंने किया

कैसे बच्चों को बताऊं रास्तों के पेचो-ख़म[2]
ज़िन्दगी-भर तो किताबों का सफ़र मैंने किया

किसको फुर्सत थी कि बतलाता तुझे इतनी-सी बात
ख़ुद से क्या बर्ताव तुझसे छूटकर मैंने किया

चन्द जज़्बाती[3]-से रिश्तों के बचाने को 'वसीम'
कैसा-कैसा जब्र[4] अपने आप पर मैंने किया

---

1. तीव्रता, 2. घुमाव-फिराव, 3. भावुक, 4. अत्याचार।

सिर्फ़ तेरा नाम लेकर रह गया

सिर्फ़ तेरा नाम लेकर रह गया
आज दीवाना बहुत कुछ कह गया

क्या मेरी तक़्दीर[1] में मंज़िल नहीं
फ़ासिला क्यों मुसकुराकर रह गया

ज़िन्दगी दुनिया में ऐसा अश्क[2] थी
जो ज़रा पलकों पे ठहरा, बह गया

और क्या था, उसकी पुरसिश[3] का जवाब
अपने ही आंसू छुपाकर रह गया

उससे पूछ ऐ कामयाब-ए-ज़िन्दगी[4]
जिसका अफ़्साना अधूरा रह गया

हाय! क्या दीवानगी थी ऐ 'वसीम'
जो न कहना चाहिए था, कह गया

---

1. भाग्य, 2. अश्रु, 3. हालचाल, 4. जीवन-विजेता।

कभी लफ़्ज़ों से ग़द्दारी न करना

कभी लफ़्ज़ों से ग़द्दारी न करना
ग़ज़ल पढ़ना, अदाकारी[1] न करना

जो मेरी ज़िन्दगी के साथ की है
वही मरने पे फ़नकारी[2] न करना

मेरे बच्चों के आंसू पोंछ देना
लिफ़ाफ़े का टिकट जारी न करना

इलाही ख़ाक[3] तो कर देना, लेकिन
किसी शोले को चिनगारी न करना

---

1. अभिनय, 2. कलाकारी, 3. राख।

मुझे बुझा दे, मेरा दौर मुख़्तसर कर दे

मुझे बुझा दे, मेरा दौर[1] मुख़्तसर[2] कर दे
मगर दिये की तरह मुझको मौतबर[3] कर दे

बिखरते-टूटते रिश्तों की उम्र ही कितनी
मैं तेरी शाम हूं, आजा, मेरी सहर[4] कर दे

जुदाइयों की यह रातें तो काटनी होंगी
कहानियों को कोई कैसे मुख़्तसर कर दे

तेरे ख़याल के हाथों कुछ ऐसा बिखरा है
कि जैसे बच्चा किताबें इधर-उधर कर दे

'वसीम' किसने कहा था कि यूं ग़ज़ल कहकर
यह फूल-जैसी ज़मीं आंसुओं से तर कर दे

---

1. जीवनकाल, 2. संक्षिप्त, 3. विश्वसनीय, 4. सुबह।

लहू न हो, तो क़लम तरजुमां[1] नहीं होता

लहू न हो, तो क़लम तरजुमां[1] नहीं होता
हमारे दौर में आंसू ज़बां नहीं होता

जहां रहेगा, वहीं रौशनी लुटायेगा
किसी चराग़ का अपना मकां नहीं होता

यह किस मुक़ाम पे लायी है मेरी तनहाई
कि मुझ से आज कोई बदगुमां[2] नहीं होता

बस, इस निगाह मेरी राह देखती होती
यह सारा शह्र मेरा मेज़बां[3] नहीं होता

तेरा ख़याल न होता, तो कौन समझाता
ज़मी न हो, तो कोई आसमां नहीं होता

मैं उसको भूल गया हूं, यह कौन मानेगा
किसी चराग़ के बस में धुआं नहीं होता

'वसीम' सदियों की आंखों से देखिये मुझको
वह लफ्ज़[4] हूं, जो कभी दास्तां[5] नहीं होता

---

1. भावबोधक, 2. कुण्ठित, 3. आतिथेय, 4. शब्द, 5. कहानी।

मेरे ग़म को जो अपना बताते रहे

मेरे ग़म को जो अपना बताते रहे
वक़्त पड़ने पे हाथों से जाते रहे

बारिशें आयीं और फ़ैसला कर गयीं
लोग टूटी छतें आज़माते रहे

आंखें मंज़र[1] हुईं, कान नग़्मा[2] हुए
घर के अन्दाज़ ही घर से जाते रहे

शाम आयी, तो बिछड़े हुए हमसफ़र[3]
आंसुओं-से इन आंखों में आते रहे

नन्हें बच्चों ने छू भी लिया चांद को
बूढ़े बाबा कहानी सुनाते रहे

दूर तक हाथ में कोई पत्थर न था
फिर भी, हम जाने क्यों सर बचाते रहे

शाइरी ज़ह्र थी, क्या करें ऐ 'वसीम'
लोग पीते रहे, हम पिलाते रहे

---

1. दृश्य, 2. गीत, 3. साथ चलने वाला।

कोई मौसम नहीं ख़ुद को दोहरायेगा

कोई मौसम नहीं ख़ुद को दोहरायेगा
तू गया, तो गया, फिर कहां आयेगा

रात मेरी नहीं, रात तेरी नहीं
जिसने आंखों में काटी, वही पायेगा

लोग कुछ भी कहें और मैं चुप रहूं
यह सलीक़ा[1] मुझे जाने कब आयेगा

कोई मंज़र[2] भरोसे के क़ाबिल नहीं
तेरी आंखों का दुख और बढ़ जायेगा

आसमां जब ज़मीनों की क़िस्मत लिखे
कोई इंसाफ़ मांगे, तो क्या पायेगा

उसकी आंखों में क्या ढूंढ़ते हो 'वसीम'
जैसे खोया हुआ वक़्त मिल जायेगा

---

1. ढंग, 2. दृश्य।

मौसमों के परिन्दों पे हंसता हुआ

मौसमों के परिन्दों पे हंसता हुआ
एक चेहरा है, आंखों में ठहरा हुआ

रात-भर आंसुओं से जो लिक्खी गयी
सुबह को उस कहानी का सौदा हुआ

आर्ज़ूओं[2] का रिश्तों से रिश्ता ही क्या
तुम किसी के हुए, मैं किसी का हुआ

देखिये, कब कोई पढ़ने वाला मिले
मैं हूं अपने ही चेहरे पे लिक्खा हुआ

प्यास का वह सफ़र[3] हूं कि जिसको 'वसीम'
कोई बादल मिला भी, तो बरसा हुआ

---

1. पक्षियों, 2. आकांक्षाओं, 3. यात्रा।

अब इन आंखों में कोई कहानी नहीं

अब इन आंखों में कोई कहानी नहीं
कैसे दरिया हुए, जिनमें पानी नहीं

खो गयी, मिल गयी, वक़्त की गर्द में
वह मुहब्बत, जो लगता था फ़ानी नहीं

रेज़ा-रेज़ा[1] बिखरना मुक़द्दर हुआ
हार कर भी कभी हार मानी नहीं

सारा क़िस्सा सफ़र के इरादों का है
रास्तों की तो कोई कहानी नहीं

भागती भीड़ से कोई कह दे 'वसीम'
मेरी आंखों में आंसू हैं, पानी नहीं

---

1. टुकड़े-टुकड़े।

कुछ इस तरह वह मेरी ज़िन्दगी में आया था

कुछ इस तरह वह मेरी ज़िन्दगी में आया था
कि मेरा होते हुए भी बस एक साया[1] था

हवा में उड़ने की धुन ने यह दिन दिखाया था
उड़ान मेरी थी, लेकिन सफ़र[2] पराया था

यह कौन राह दिखाकर चला गया मुझको
मैं ज़िन्दगी में भला किसके काम आया था

मैं अपने वादे पे क़ायम[3] न रह सका, वर्ना
वह थोड़ी दूर ही जाकर तो लौट आया था

न अब वह घर है, न उस घर के लोग याद 'वसीम'
न जाने, उसने कहां से मुझे चुराया था

---

1. परछाईं, 2. यात्रा, 3. स्थिर।

आज का यह ज़माना उसी का लगे

आज का यह ज़माना उसी का लगे
वह जो प्यासा न हो और प्यासा लगे

उसको चाहा ही है मैंने कुछ इस तरह
वह कहीं भी रहे, सिर्फ़ मेरा लगे

मैं ख़रीदूं तुझे, तू ख़रीदे मुझे
गांव में फिर कोई ऐसा मेला लगे

रात-भर झील की गोद में सो के भी
सुबह को चांद क्यों प्यासा-प्यासा लगे

पास जाओ, तो बस, रेत-ही-रेत है
दूर से देखने में जो दरिया[1] लगे

एक दिल था, उसे जाने क्या हो गया
ऐ 'वसीम' इन दिनों कुछ न अच्छा लगे

---

1. नदी।

इक कहानी-सी दिल पर लिखी रह गयी

इक कहानी-सी दिल पर लिखी रह गयी
वह नज़र जो मुझे देखती रह गयी

रंग सारे ही कोई चुरा ले गया
मेरी तस्वीर अधूरी पड़ी रह गयी

लोग बाज़ार में आ के बिक भी गये
मेरी क़ीमत लगी-की-लगी रह गयी

वह तो कमरे से उठकर चला भी गया
बात करती हुई ख़ामुशी[1] रह गयी

दो उजाले अंधेरों में खो भी गये
हाथ मलती हुई चांदनी रह गयी

बस, वही अब हवा की निगाहों में हैं
जिन चराग़ों में कुछ रौशनी रह गयी

वह भी चाहे, तो पूरी न हो ऐ 'वसीम'
ज़िन्दगी में कुछ ऐसी कमी रह गयी

---

1. चुप्पी।

मेरी आंखों को यह सब कौन बताने देगा

मेरी आंखों को यह सब कौन बताने देगा
ख़्वाब जिसके हैं, वही नींद न आने देगा

उसने यूं बांध लिया ख़ुद को नये रिश्तों में
जैसे मुझ पर कोई इल्ज़ाम[1] न आने देगा

सब अंधेरों से कोई वादा[2] किये बैठे हैं
कौन ऐसे में मुझे शमअ्[3] जलाने देगा

भीगती झील, कंवल, बाग़, महक, सन्नाटा
यह मेरा गांव मुझे शह्र न जाने देगा

वह भी आंखों में कई ख़्वाब लिये बैठा है
यह तसव्वुर[4] ही कभी नींद न आने देगा

अब तो हालात से समझौता ही कर लीजे 'वसीम'
कौन माज़ी[5] की तरफ़ लौट के जाने देगा

---

1. आरोप, 2. वचन, 3. दीपक, 4. कल्पना, 5. अतीत।

सफ़र पे आज वही कश्तियां निकलती हैं

सफ़र पे आज वही कश्तियां निकलती हैं
जिन्हें ख़बर है, हवाएं भी तेज़ चलती हैं

मेरी हयात[1] से शायद वो मोड़ छूट गये
बग़ैर सम्तों[2] के राहें जहां निकलती हैं

हमारे बारे में लिखना, तो बस, यही लिखना
कहां की शम्एं हैं, किन महफ़िलों में जलती हैं

बहुत क़रीब हुए जा रहे हो, सोचो तो
कि इतनी कुर्बतें[2] जिस्मों से कब संभलती हैं

'वसीम' आओ, इन आंखों को ग़ौर से देखो
यही तो हैं, जो मेरे फ़ैसले बदलती हैं

---

1. जीवन, 2. दिशाओं, 3. नज़दीकियां।

उसे समझने का कोई तो रास्ता निकले

उसे समझने का कोई तो रास्ता निकले
मैं चाहता भी यही था, वह बेवफ़ा निकले

किताबे-माज़ी[1] के औराक़[2] उलट के देख ज़रा
न जाने कौन-सा सफ़्हा[3] मुड़ा हुआ निकले

मैं तुझसे मिलता हूं, तफ़्सील[4] में नहीं आता
मेरी तरफ़ से तेरे दिल में जाने क्या निकले

जो देखने में बहुत ही क़रीब लगता है
उसी के बारे में सोचो, तो फ़ासिला निकले

तमाम शह्र की आंखों में सुर्ख़ शोले हैं
'वसीम' घर से अब ऐसे में कोई क्या निकले

---

1. अतीत की किताब, 2. पन्ने, 3. पृष्ठ, 4. विवरण।

वह फ़ासिले ही मुझे तय कराये देता है

वह फ़ासिले ही मुझे तय कराये देता है
कि मेरे ख़्वाबों की उम्रें घटाये देता है

तमाम अश्क[1] है और मुसकराये देता है
ये कौन है, जो समन्दर सुखाये देता है

ये किसका हाथ है, फिर काट क्यों नहीं देते
जो सारे शह्र की शम्एं बुझाये देता है

यही चराग़ तेरी तीरगी[2] का साथी था
जिसे तू सुब्ह की ख़ातिर बुझाये देता है

'वसीम' ज़ह्न की ख़ुद्‌दारियां[3] भी क्या शय[4] हैं
बुरा-सा लगता है, जब कोई राय[4] देता है

---

1. आंसू, 2. अंधेरे, 3. स्वाभिमान, 4. वस्तु, 5. सलाह।

एक-एक करके हर इक चेहरा छुपा जाये है

एक-एक करके हर इक चेहरा छुपा जाये है
सारा मंज़र[1] ही कोई ख़्वाब हुआ जाये है

बदगुमानी[2] की निगाहों के लगे हैं पहरे
तेरा यह शह्र इक अन्देशा[3] हुआ जाये है

मैं अंधेरों के सफ़रनामों[4] का उनवां[5] ठहरा
मुझसे क्यों शम्अ जलाने को कहा जाये है

ज़िन्दगी तू ही बता देना कि कैसी गुज़री
हम पे भी जाने का इल्ज़ाम लगा जाये है

कौन एहसास की इस प्यास को समझेगा 'वसीम'
एक झोंका ही हवाओं का रुला जाये है

---

1. दृश्य, 2. बुरी धारणा, 3. शंका, 4. यात्रावृतान्त, 5. शीर्षक।

ज़िन्दगी तुझ पे अब इल्ज़ाम कोई क्या रक्खे

ज़िन्दगी तुझ पे अब इल्ज़ाम कोई क्या रक्खे
अपना एहसास ही ऐसा है, जो तनहा रक्खे

किन शिकस्तों[1] के शबो-रोज़[2] से गुज़रा होगा
वह मुसव्विर[3] जो हर इक नक़्श[4] अधूरा रक्खे

ख़ुश्क[5] मिट्टी ही ने जब पांव जमाने न दिये
बहते दरिया से फिर उम्मीद कोई क्या रक्खे

आ! ग़मे-दोस्त[3] इसी मोड़ पे हो जाऊं जुदा
जो मुझे मेरा ही रहने दे, न तेरा रक्खे

आर्ज़ूओं के बहुत ख़्वाब तो देखो हो 'वसीम'
जाने किस हाल में बेदर्द ज़माना रक्खे

---

1. असफलताओं, 2. रात-दिन, 3. चित्रकार, 4. आकृति, 5. सूखी, 6. दोस्त का ग़म।

शाम तक सुब्ह की नज़रों से उतर जाते हैं

शाम तक सुब्ह की नज़रों से उतर जाते हैं
इतने समझौतों पे जीते हैं कि मर जाते हैं

फिर वही तल्ख़ि-ए-हालात[1] मुक़द्दर ठहरी
नश्शे कैसे भी हों, कुछ दिन में उतर जाते हैं

इक जुदाई का वह लम्हा[2] कि जो मरता ही नहीं
लोग कहते थे कि सब वक़्त गुज़र जाते हैं

घर की गिरती हुई दीवारें ही मुझसे अच्छी
रास्ता चलते हुए लोग ठहर जाते हैं

हम तो बेनाम इरादों के मुसाफ़िर हैं 'वसीम'
कुछ पता हो, तो बतायें कि किधर जाते हैं

---

1. परिस्थितियों की कड़वाहट, 2. क्षण।

ज़ह्न में पानी के बादल अगर आये होते

ज़ह्न में पानी के बादल अगर आये होते
मैंने मिट्टी के घरौंदे न बनाये होते

धूप के एक ही मौसम ने जिन्हें तोड़ दिया
इतने नाज़ुक[1] भी यह रिश्ते न बनाये होते

डूबते शह्र में मिट्टी का मकां गिरता ही
तुम यह सब सोच के मेरी तरफ़ आये होते

धूप के शहर में इक उम्र न जलना पड़ता
हम भी ऐ काश किसी पेड़ के साये होते

फल पड़ोसी के दरख़्तों[2] पे न पकते, तो 'वसीम'
मेरे आंगन में यह पत्थर भी न आये होते

---

1. कोमल, 2. वृक्षों।

आते-आते मेरा नाम-सा रह गया

आते-आते मेरा नाम-सा रह गया
उसके होठों पे कुछ कांपता रह गया

रात मुजरिम[1] थी, दामन बचा ले गयी
दिन गवाहों की सफ़[2] में खड़ा रह गया

वह मेरे सामने ही गया और मैं
रास्ते की तरह देखता रह गया

झूठ वाले कहीं-से-कहीं बढ़ गये
और मैं था कि सच बोलता रह गया

आंधियों के इरादे तो अच्छे न थे
यह दिया कैसे जलता हुआ रह गया

उसको कांधों पे ले जा रहे हैं 'वसीम'
और वह जीने का हक़ मांगता रह गया

---

1. अपराधी, 2. पंक्ति।

घर से निकला, तो फिर घर को क्या देखता

घर से निकला, तो फिर घर को क्या देखता
कौन था, जो मेरा रास्ता देखता

इक क़दम भी न उठता तेरी राह में
मैं अगर राह का फ़ासिला देखता

चन्द सड़कों ही में बंट गयी ज़िन्दगी
तेरी दुनिया भी होगी, मैं क्या देखता

आसमां की बुलन्दी[1] बुलाये जिसे
वह ज़मीं की तरफ़ मुड़ के क्या देखता

सारे रंग आ गये एक ही रंग में
कौन आंसू के अन्दर ख़ुदा देखता

---

1. ऊंचाई।

वह मुझे छोड़ के यूं आगे बढ़ा जाता है

वह मुझे छोड़ के यूं आगे बढ़ा जाता है
जैसे अब मेरा सफ़र ख़त्म हुआ जाता है

बात रोने की लगे और हंसा जाता है
यूं भी हालात से समझौता किया जाता है

दिल के रिश्ते ही गिरा देते हैं दीवारें भी
दिल के रिश्तों ही को दीवार कहा जाता है

यह मेरी आख़री शब[1] तो नहीं मयख़ाने में
कांपते हाथों से क्यों जाम दिया दिया जाता है

किस अदालत में सुना जायेगा दावा उनका
जिन उमीदों का गला घोंट दिया जाता है

फ़ासिले जिसकी रिफाक़त[2] का मुक़द्दर ठहरे
उस मुसाफ़िर का कहां साथ दिया जाता है

रात आधी से ज़ियादा ही गयी होगी 'वसीम'
आओ घर लौट लें नावक़्त[3] हुआ जाता है

---

1. रात, 2. संगत-साथ, 3. विलम्ब।

तेरा ख़याल न होता, तो यह ज़माना था

तेरा ख़याल न होता, तो यह ज़माना था
किसी बहाने मुझे ख़ुद से छूट जाना था

हसीन ख़्वाबों ने आंखों का साथ जब छोड़ा
तो यह लगा कि मैं गुज़रा हुआ ज़माना था

यह क्या कि आंधी की मानिन्द[1] होते जाते हो
वही चराग़ बुझाते, जिसे बुझाना था

वह मेरे साथ बहुत दूर तक गया होता
मगर उसे तो ज़माने को मुंह दिखाना था

अजीब शर्ते-सफ़र[2] थी, जहां पे आज लुटे
वहीं से कल के लिए रास्ता बनाना था

उसी ख़ुशी की तमन्ना में तुम भी निकले हो
'वसीम' जिसके तअक़्क़ुब[3] में इक ज़माना था

---

1. समान, 2. यात्रा की शर्त, 3. पीछा करना।

प्यार की फांस किसी तरह निकलती भी नहीं

प्यार की फांस किसी तरह निकलती भी नहीं
ख़त जला डालिये, तह्रीर[1] तो जलती भी नहीं

तेरे बख़्शे[2] हुए अश्कों[3] का ख़ुदा ही हाफ़िज़
यह अमानत[4] अब इन आंखों से संभलती भी नहीं

कब से इक वादा वफ़ा होने की उम्मीद लिये
ऐसी इक राह पे बैठा हूं, जो चलती भी नहीं

उन पे जांबाज़[5] परिन्दों[6] ने बसेरा चाहा
जिन पहाड़ों से कभी बर्फ़ पिघलती भी नहीं

जिसका इक ज़ात[7] से थोड़ा-सा तअल्लुक़[8] है 'वसीम'
जह्न से ऐसी कोई बात निकलती भी नहीं

---

1. लिखावट, 2. प्रदान किये हुए, 3. आंसुओं, 4. धरोहर, 5. साहसी, 6. पक्षियों, 7. व्यक्ति, 8. सम्बन्ध।

ख़ुशी का साथ मिला भी, तो दिल पे बार रहा

ख़ुशी का साथ मिला भी, तो दिल पे बार[1] रहा
मैं आप अपनी तबाही का ज़िम्मेदार रहा

अधूरे ख़्वाब, गये दिन, अजान अन्देशे
मेरी हयात पे किस–किस का इख़्तियार[2] रहा

जो सब पे बोझ था, इक शाम जब नहीं लौटा
उसी परिन्दे का शाख़ों[3] को इन्तिज़ार रहा

वह कोई और ही जज़्बा[4] था, सिर्फ़ प्यार न था
तुझे जो अपना जताने को बेक़रार[5] रहा

न जाने किसका तअल्लुक़[6] था मेरे साथ 'वसीम'
कोई भी दौर हुआ, मुझको साज़गार[7] रहा

---

1. बोझ़, 2. आधिपत्य, 3. टहनियों, 4. भावना, 5. बेचैन, 6. सम्बन्ध, 7. अनुकूल।

अब कैसे यह सुलूक छुपायें किसी से हम

अब कैसे यह सुलूक छुपायें किसी से हम
पहचाने जा रहे हैं तेरी बेरुख़ी से हम

मजबूरियों का शह्र था, बेगानगी[1] का दौर
मिलता ही क्या, जो मांगते अपनी ख़ुशी से हम

जलते हुए मकानों के मंज़र बतायेंगे
क्या बात थी, जो रूठ गये रौशनी से हम

उतरे हुए नशे कि तरह क्या पता लगे
किस फ़ासिले पे छूट गये ज़िन्दगी से हम

रिश्तों को एहतियात[2] की इक आंच चाहिए
देखा किये हैं तेरी तरफ़ दूर ही से हम

ख़ुद में वह लम्हा-लम्हा तग़य्युर[3] है ऐ 'वसीम'
मिलते हों जैसे रोज़ किसी अजनबी से हम

---

1. परायापन, 2. सावधानी, 3. परिवर्तन।

न जाने क्यों मुझे उससे ही ख़ौफ़ लगता है

न जाने क्यों मुझे उससे ही ख़ौफ़[1] लगता है
मेरे लिए जो ज़माने को छोड़ आया है

अंधेरी शब के हवालों[2] में उसको रक्खा है
जो एक शह्र की नींदें उड़ा के सोया है

रिफ़ाक़तों[3] के सफ़र में तो बे-यक़ीनी[4] थी
यह फ़ासिला है, जो रिश्ते बनाये रखता है

वह ख़्वाब थे, जिन्हें हम मिल के देख सकते थे
यह बारे-ज़ीस्त[5] है, तनहा उठाना पड़ता है

हमें किताबों में क्या ढूंढ़ने चले हो 'वसीम'
जो हमको पढ़ नहीं पाये, उन्हीं ने लिखा है

---

1. डर, 2. प्रसंग, 3. मित्रता, 4. अनिश्चितता, 5. जीवन का बोझ।

नहीं कि अपना ज़माना भी तो नहीं आया

नहीं कि अपना ज़माना भी तो नहीं आया
हमें किसी से निभाना भी तो नहीं आया

जला के रख लियां हाथों के साथ दामन तक
तुम्हें चराग़ बुझाना भी तो नहीं आया

नये मकान बनाये, तो फ़ासिलों की तरह
हमें ये शहृ बसाना भी तो नहीं आया

वह पूछता था मेरी आंख भीगने का सबब[1]
मुझे बहाना बनाना भी तो नहीं आया

'वसीम' देखना मुड़–मुड़ के वह उसी की तरफ़
किसी को छोड़ के जाना भी तो नहीं आया

1. कारण।

मेरा क्या था, मैं टूटा कि बिखरा रहा

मेरा क्या था, मैं टूटा कि बिखरा रहा
तेरे हाथों में तो इक खिलौना रहा

इक ज़रा-सी अना[1] के लिए उम्र-भर
तुम भी तनहा रहे, मैं भी तनहा रहा

तेरे जाने का मंज़र ही ग़मख़्वार[2] था
ज़िन्दगी-भर जो आंखों से लिपटा रहा

मेरा एहसास सदियों[3] पे फैला हुआ
ऐसा आंसू, जो पलकें बदलता रहा

घर की सब रौनक़ मुझसे और मैं 'वसीम'
ताक़ पर इक दिये-जैसा जलता रहा

---

1. अहंकार, 2. ग़मों में साथ रहने वाला, 3. शताब्दियों।

ज़रा-सी ख़ाक़ हो, इस बात पर नहीं जाना

ज़रा-सी ख़ाक़[1] हो, इस बात पर नहीं जाना
हज़ार आंधियां आयें, बिखर नहीं जाना

बिछड़ गया हूं, तो जाना कि ज़िन्दगी क्या है
तुम्हारे साथ सफ़र को सफ़र नहीं जाना

शिकस्तगी[2] का भरम रखना ऐ मेरे चेहरे
किसी का सामना हो, तो उतर नहीं जाना

तमाम दिन की तलब[3] राह देखती होगी
जो ख़ाली हाथ चले हो, तो घर नहीं जाना

ये सर अज़ीम[4] है, झुकने कहीं न पाये 'वसीम'
ज़रा-सी जीने की ख़्वाहिश[5] पे मर नहीं जाना

---

1. मिट्टी, 2. हताशा, 3. चाहत, 4. महान्, 5. इच्छा।

बदगुमानी का सदक़ा उतारा गया

बदगुमानी[1] का सदक़ा[2] उतारा गया
शह्र में फिर कोई आज मारा गया

रहम खाने की फ़ुर्सत किसे थी यहां
वह जो जीता रहा, वह जो हारा गया

खूश्बुएं तो क़बीलों में बटती नहीं
नाम देकर मुझ क्यों पुकारा गया

मांगते फिर रहे हैं वो किरनों की भीख
जिनके आंगन में सूरज उतारा गया

उसने मुड़कर न देखा, तो शिकवा[3] ही क्या
मुझसे भी तो उसे कब पुकारा गया

ज़िन्दगी बस में थी, ज़िन्दगी हार दी
एक तू था, जो मुझसे न हारा गया

ज़िन्दगी के सफ़र की न पूछो 'वसीम'
रात काटी गयी, दिन गुज़ारा गया

---

1. बुरी धारणा, 2. उतारा, 3. शिकायत।

मलाल भी हो, तो लबआशना नहीं होता

मलाल[1] भी हो, तो लबआशना[2] नहीं होता
जहां दिलों में कोई फ़ासिला नहीं होता

मेरे चराग़ अलग हों, तेरे चराग़ अलग
मगर उजाला, तो फिर भी जुदा नहीं होता

मैं अपनी ताक़ते-इन्साफ़[3] खो चुका, वर्ना
तुम्हारे हाथ मेरा फ़ैसला नहीं होता

कहीं भी जाये, मेरी हमसफ़र[4]-सी लगती है
वह राह, जिसमें कोई नक़्शे-पा[5] नहीं होता

'वसीम' शोहरतें[6] ज़िद में कुबूल कीं, वर्ना
मैं उसके होते किसी और का नहीं होता

---

1. दुःख, 2. होठों को पहचानने वाला, 3. न्याय करने की शक्ति, 4. सहयात्री, 5. पदचिह्न, 6. ख्याति।

आगे इक हद से किसी को कोई क्या ले जायेगा

आगे इक हद[1] से किसी को कोई क्या ले जायेगा
मैं भी जाऊंगा, जहां तक रास्ता ले जायेगा

उसकी आंखों में इक आंसू-सा रहूंगा उम्र-भर
वह जहां जायेगा, मेरा वाक़िया[2] ले जायेगा

उम्र-भर लिक्खूं किताबे-ज़िन्दगी[3] का इक वरक़[4]
और हवा का एक ही झोंका उड़ा ले जायेगा

शाम के साथी अजब हैं, घर पे छोड़ेंगे कहां
एक से बच भी गया, तो दूसरा ले जायेगा

दूर तक शोले हैं, फिर भी दिल ये कहता है 'वसीम'
कोई आयेगा, मेरे घर को बचा ले जायेगा

---

1. सीमा, 2. कहानी, 3. जीवन की किताब, 4. पन्ना।

मेरी वफ़ाओं का नश्शा उतारने वाला

मेरी वफ़ाओं का नश्शा उतारने वाला
कहां गया, मुझे हंस-हंस के हारने वाला

हमारा जान गयी, जाये, देखना यह है
कहीं नज़र में न आ जाये मारने वाला

बस, एक प्यार की बाज़ी है, बे-ग़रज़[1] बाज़ी
न कोई जीतने वाला, न कोई हारने वाला

भरे मकां का भी अपना नशा है, क्या जाने
शराबख़ाने[1] में रातें गुज़ारने वाला

मैं उसका दिन भी ज़माने में बांटकर रख दूं
वह मेरी रातों को छुपकर गुज़ारने वाला

'वसीम' हम भी बिखरने का हौसला करते
हमें भी होता, जो कोई संवारने वाला

---

1. निस्वार्थ, 2. मधुशाला।

मैं अपने ख़्वाब से बिछड़ा नज़र नहीं आता

मैं अपने ख़्वाब से बिछड़ा नज़र नहीं आता
तो इस सदी[1] में अकेला नज़र नहीं आता

अजब दबाव है इन बाहरी हवाओं का
घरों का बोझ भी उठता नज़र नहीं आता

मैं तेरी राह से हटने को हट गया, लेकिन
मुझ तो कोई भी रस्ता नज़र नहीं आता

मैं इक सदा पे हमेशा[2] को घर तो छोड़ आया
मगर पुकारने वाला नज़र नहीं आता

धुआं भरा है यहां तो सभी की आंखों में
किसी को घर मेरा जलता नज़र नहीं आता

ग़ज़लसराई[3] का दावा तो सब करें हैं 'वसीम'
मगर वह 'मीर'-सा लहजा[4] नज़र नहीं आता

---

1. शताब्दी, 2. सदैव, 3. ग़ज़ल सुनाना, 4. शैली।

मैं इस उमीद पे डूबा कि तू बचा लेगा

मैं इस उमीद पे डूबा कि तू बचा लेगा
अब इसके बाद मेरा इम्तिहान[1] क्या लेगा

ये एक मेला है, वादा किसी से क्या लेगा
ढलेगा दिन, तो हर इक अपना रास्ता लेगा

मैं बुझ गया, तो हमेशा को बुझ ही जाऊंगा
कोई चराग़ नहीं हूं कि फिर जला लेगा

कलेजा चाहिए दुश्मन से दुश्मनी के लिए
जो बेअमल[2] है, वह बदला किसी से क्या लेगा

मैं उसका हो नहीं सकता, बता न देना उसे
लकीरें हाथ की अपनी वह सब जला लेगा

हज़ार तोड़ के आ जाऊं उससे रिश्ता 'वसीम'
मैं जानता हूं वह जब चाहेगा, बुला लेगा

---

1. परीक्षा, 2. निकम्मा।

मिली हवाओं में उड़ने की वह सज़ा यारो

मिली हवाओं में उड़ने की वह सज़ा यारो
कि मैं ज़मीन के रिश्तों से कट गया यारो

वह बे-ख़याल[1] मुसाफ़िर मैं रास्ता यारो
कहां था बस में मेरे उसको रोकना यारो

मेरे क़लम पे ज़माने की गर्द[2] ऐसी थी
कि अपने बारे में कुछ भी न लिख सका यारो

तमाम शह्र ही जिसकी तलाश में गुम था
मैं उसके घर का पता किससे पूछता यारो

जो बेशुमार[3] दिलों की नज़र में रहता था
वह अपने बच्चों को इक घर न दे सका यारो

जनाबे 'मीर' की खुदग़र्ज़ियों[4] के सदक़े में
मियां 'वसीम' के कहने को क्या बचा यारो

---

1. बेसुध, 2. धूल, 3. अनगिनत, 4. स्वार्थ।

अजीब दर्द का रिश्ता दिखाई देता है

अजीब दर्द का रिश्ता दिखाई देता है
कि हर ग़म-आश्ना[1] अपना दिखाई देता है

जिसे तेरी तरफ़ उठने का इक सलीक़ा[2] हो
उसी निगाह पे पहरा दिखाई देता है

तुम अपने शह्र के लोगों से पूछकर देखो
मेरी तरह कोई तनहा दिखाई देता है

तेरे बग़ैर मेरी ज़िन्दगी का हर लम्हा[3]
मेरे ही ख़ून का प्यासा दिखाई देता है

ज़रूर जीने के आदाब[4] जानता होगा
जो मयकदे[5] में भी प्यासा दिखाई देता है

'वसीम' इतने बड़े ज़िन्दगी के मेले में
बस, एक ग़म है, जो अपना दिखाई देता है

---

1. दु:खों से परिचित, 2. ढंग, 3. क्षण, 4. शिष्टाचार, 5. मधुशाला।

मैंने ख़्वाबों को अगर ख़्वाब ही समझा होता

मैंने ख़्वाबों को अगर ख़्वाब ही समझा होता
इस भरे शह्र में काहे को अकेला होता

यह कड़ी धूप, यह इक उम्र का बेसिम्त[1] सफ़र
कैसे तय होगा, कभी तुमने भी सोचा होता

तुमने बेकार ही क़समों में मुझे बांध दिया
मेरे होठों से कहां ज़िक्र तुम्हारा होता

शम्अ की तरह किसी बज़्म[2] के हो जाते 'वसीम'
एक-दो शब[3] ही जो तक़्दीर में जलना होता

---

1. दिशाहीन, 2. महफिल, 3. रात।

मैं सोचता हूं कहीं साथ छूट जायेगा

मैं सोचता हूं कहीं साथ छूट जायेगा
ये तेरा ग़म भी कहां तक मुझे निभायेगा

कली की तरह खिलो, खिलते ही बिखर जाओ
ये शर्त है, तो भला कौन मुसकुरायेगा

शराबख़ाने[1] के बाहर का हाल मत पूछो
तुम्हारे हाथ से पैमाना छूट जायेगा

हमारे शे'रों में इक दौर[2] सांस लेता है
'वसीम' कैसे ज़माना हमें भुलायेगा

---

1. मधुशाला, 2. युग।

हाल दुख देगा, तो माज़ी पे नज़र आयेगी

हाल दुख देगा, तो माज़ी[1] पे नज़र आयेगी
ज़िन्दगी हादसा[2] बन-बन के गुज़र जायेगी

तुम किसी राह से आवाज़ न देना मुझको
ज़िन्दगी इतने सहारे पे ठहर जायेगी

तेरे चेहरे की उदासी पे है दुनिया की नज़र
मेरे हालात पे अब किसकी नज़र जायेगी

तुम जो यह मशवरा-ए-तर्केवफ़ा[3] देते हो
उम्र इक रात नहीं है, जो गुज़र जायेगी

उनकी यादों का तसलसुल[4] जो कहीं टूट गया
ज़िन्दगी तू मेरी नज़रों से उतर जायेगी

इसी उम्मीद पे कब से चले आता हूं 'वसीम'
उसकी जानिब[5] भी कोई राहगुज़र[6] जायेगी

---

1. अतीत, 2. दुर्घटना, 3. वफ़ादारी छोड़ने की सलाह, 4. प्रवाह, 5. ओर, 6. रास्ता।

खोलिये चल के ग़मे-दिल[1] की दुकां और कहीं

खोलिये चल के ग़मे-दिल[1] की दुकां और कहीं
मांद[2] पड़ जायें न ज़ख़्मों के निशां[3] और कहीं

बादे-कमज़र्फ़[4] ने गुलशन में ठहरने न दिया
ढूंढ़ना ही पड़ा ख़ुश्बू को मकां और कहीं

साथ इस शह्र के सदियों की तनासानी[5] है
दर्से-तह्रीक[6] दे ऐ कारे-जहां[7] और कहीं

वादी-ए-संग[8] में फिर जश्न[9] की तैयारी है
क्या कोई बन गया शीशे का मकां और कहीं

जिस्मो-एहसास[10] तो बसते रहें इस बस्ती में
और कहते हो मैं खोलूं तो ज़बां और कहीं

बन्द कमरों में जलाते रहे लफ़्ज़ों के चराग़
बात ले जाये न मानी[11] का धुआं और कहीं

क़ैस-ओ-फ़रहाद तो मिलते रहे दुनिया में 'वसीम'
प्यार को मिल न सका शाहजहां और कहीं

---

1. मन की व्यथा, 2. मद्धिम 3. चिह्न, 4. वह हवा, जिसमें किसी को सुखी देखने की क्षमता न हो, 5. आरामतलबी, 6. गतिमान होने का उपदेश, 7. संसारिक काम-काज, 8. पथरीली घाटी 9. उत्सव 10. शरीर और भावनाएं 11. भावार्थ।

दुआ करो कि कोई प्यास नज़्रे-जाम न हो

दुआ करो कि कोई प्यास नज़्रे-जाम[1] न हो
वह ज़िन्दगी ही नहीं है, जो नातमाम[2] न हो

जो मुझमें-तुझमें चला आ रहा है सदियों से
कहीं हयात[3] इसी फ़ासिले का नाम न हो

कोई चराग़, न आंसू, न आर्ज़ू-ए-सहर[4]
ख़ुदा करे कि किसी घर में ऐसी शाम न हो

अजीब शर्त लगायी है एहतियातों[5] ने
कि तेरा ज़िक्र करूं और तेरा नाम न हो

सबा[6] मिज़ाज[7] की तेज़ी भी एक नेमत[8] है
अगर चराग़ बुझाना ही एक काम न हो

'वसीम' कितनी ही सुब्हें लहू-लहू गुज़रीं
इक ऐसी सुब्ह भी आये कि जिसकी शाम न हो

---

1. शराब की भेंट, 2. अधूरी, 3. ज़िन्दगी 4. सुबह की चाह, 5. सावधानियां, 6. हवा, 7. स्वभाव, 8. वरदान।

तेरी आर्ज़ू बहुत है, तेरा इन्तिज़ार कम है

तेरी आर्ज़ू बहुत है, तेरा इन्तिज़ार कम है
ये वह हादसा[1] है जिस पर मेरा इख़्तियार[2] कम है

ये हवादिसे-ज़माना[3] बड़ी दूर ले गये हैं
मुझे अपनी ज़िन्दगी से ये नहीं कि प्यार कम है

मैं गुनाहगार भी हूं, मैं गुनाहगर[4] भी, लेकिन
मुझे कोई ऐसा टोके, जो गुनाहगार कम है

मैं 'वसीम' शे'र कहने के लिए तरस रहा हूं
कई दिन से आंख मेरी इधर अश्कबार[5] कम है

---

1. दुर्घटना, 2. वश, 3. सांसारिक विपत्तियां, 4. पापी, 5. आंसू बहाने वाली।

यही बज़्मे-ऐश होगी, यही दौरे-जाम होगा

यही बज़्मे-ऐश[1] होगी, यही दौरे-जाम[2] होगा
मगर आज का तसव्वुर[3] यहां कल हराम[4] होगा

मैं कुछ इस तरह जिया हूं कि यक़ीन हो गया है
मेरे बाद ज़िन्दगी का बड़ा एहतिराम[5] होगा

मेरी ज़ीस्त[6] इक जनाज़ा[7] है जो राहे-वक़्त[8] में है
जो थकेंगे दिन के कांधे, तो सुपुर्दे-शाम[9] होगा

यही हादसाते-ग़म हैं, तो यह डर है जीने वालो
कोई दिन में ज़िन्दगी का कोई और नाम होगा

---

1. रंगरलियों की महफ़िल, 2. शराब पीने का समय, 3. कल्पना, 4. वर्जित, 5. आदर-सम्मान, 6. जीवन, 7. अर्थी, 8. काल-पथ, 9. शाम को सौंपा जाना।

ठोकरों से क्यों सुकूने-दिल[1] नहीं

ठोकरों से क्यों सुकूने-दिल[1] नहीं
ज़िन्दगी इक राह है, मंज़िल नहीं

और तदबीरें[2] मेरी नाकाम[3] कर
मैं अभी तक़्दीर का क़ायल[4] नहीं

छोड़ दो तुम भी मुझे सबकी तरह
रास्तो मेरी कोई मंज़िल नहीं

आंसुओं पर इस तरह हंसते हैं लोग
जैसे ग़म का कोई मुस्तक़्बिल[5] नहीं

अपने माज़ी[6] को न दोहराओ 'वसीम'
सबके सीने में तुम्हारा दिल नहीं

---

1. मन की शान्ति, 2. प्रयत्न, 3. असफल, 4. आस्था रखने वाला, 5. भविष्य, 6. अतीत।

राहे वफ़ा के फ़ासिले कुछ मोतबर न थे

राहे वफ़ा[1] के फ़ासिले कुछ मोतबर[2] न थे
अच्छा हुआ कि आप मेरे हमसफ़र न थे

हम ग़मनसीब[3] लोगों के यह हमसफ़र न थे
इक तंज़[4] थे हयात[5] पे शामो-सहर[6] न थे

ऐ दौरे-नौ[7] हमारा मुक़द्दर वही रहा
क्या हम शरीके-गर्दिशे-शामो-सहर[8] न थे

इस तरह पायमाल[9] न करना थी ज़िन्दगी
हम तेरे राहे-रौ थे[10] तेरी रहगुज़र न थे

साज़िश[11] मेरे ख़िलाफ़ हुई है कोई 'वसीम'
साक़ी की उंगलियों के निशां जाम[12] पर न थे

---

1. वफ़ा के रास्ते, 2. विश्वसनीय, 3. जिनके भाग्य में दु:ख हों, 4. व्यंग, 5. जीवन, 6. शाम-सवेरे, 7. आधुनिक युग, 8. विषम परिस्थितियों के साथ संघर्ष में शामिल, 9. पांवों से रौंदना, 10. हमसफ़र, 11. षड्यन्त्र 12. शराब का प्याला।

मुसकुराता हूं दिले-नाकाम से

मुसकुराता हूं दिले-नाकाम[1] से
पी रहा हूं मय[2] शिकस्ता जाम[2] से

आज भी इस ज़िन्दगी की लाश में
जान पड़ जाती है, तेरे नाम से

शाम की लज़्ज़त[4] से बेगाने[5] रहे
सुब्ह का ग़म करने वाले शाम से

सोचता हूं आज की यह बस्तियां
कल पुकारी जायेंगी किस नाम से

लम्हा-लम्हा कट रही है ज़िन्दगी
क़तरा-क़तरा बह रहा है जाम से

इक तसलसुल[6] ख़त्म हो जाता 'वसीम'
मौत आ जाती अगर आराम से

---

1. असफल दिल, 2. शराब, 3. टूट हुआ प्याला, 4. स्वाद, 5. वंचित, 6. जीवनधारा।

वह बहुत ज़ाहिर सही, फिर भी छुपा रह जायेगा

वह बहुत ज़ाहिर[1] सही, फिर भी छुपा रह जायेगा
मेरी आंखों के लिए इक मसअला[2] रह जायेगा

तेरे रस्ते, मेरी सम्तें[3] मेरा क्या रह जायेगा
इक मुसाफ़िर का रहा, तो तज़्किरा[4] रह जायेगा

ज़िन्दगी में और तो रहने को क्या रह जायेगा
उसको जाते देखने का हौसला रह जायेगा

एक तहज़ीबी-तसलसुल[5] से है सारी ज़िन्दगी
पेड़ से पत्ता अलग होगा, तो क्या रह जायेगा

आजकल के रास्तों की बे-यक़ीनी[6] देखकर
कौन है, जिसमें सफ़र का हौसला रह जायेगा

---

1. प्रकट, 2. समस्या, 3. दिशाएं, 4. चर्चा, 5. सांस्कृतिक धारा, 6. अनिश्चितता।

शिकवा ही क्या, कहीं यह नसीबे-हुनर न हो

शिकवा[1] ही क्या, कहीं यह नसीबे-हुनर[2] न हो
घर हो, तो बे-दिया हो, दिया हो, तो घर न हो

कब से भटक रहा हूं मेरे पा-ए-फ़िक्र[3] को
वह राह दे कि जिसमें कोई हमसफ़र न हो

इस दौरे-तंग-दिल[4] में तरक़्क़ी[5] के नाम पर
वह घर मिले कि जिसमें हवा का गुज़र न हो

या तेज़ आंधियों पे मुझे इख़्तियार[6] दे
या वह चराग़ दे, जिसे बुझने का डर न हो

शोहरत से बेनियाज़[7] है फ़नकार यूं 'वसीम'
ख़ुशबू की जैसे फूल को अपनी ख़बर न हो

---

1. शिकायत, 2. कलाकारों का भाग्य, 3. चिन्तन के पांव, 4. संकीर्ण हृदय रखने वालों का युग, 5. विकास, 6. आधिपत्य, 7. स्वच्छन्द।

हवेलियों में मेरी तरबियत नहीं होती

हवेलियों में मेरी तरबियत[1] नहीं होती
तो आज सर पे टकपने को छत नहीं होती

हमारे घर का पता पूछने से क्या हासिल
उदासियों की कोई शह्रियत[2] नहीं होती

चराग़ घर का हो, महफ़िल का हो कि मन्दिर का
हवा के पास कोई मस्लहत[3] नहीं होती

हमें जो ख़ुद से सिमटने का फ़न नहीं आता
तो आज ऐसी तेरी सल्तनत नहीं होती

'वसीम' शह्र में सचाइयों के लब होते
तो आज ख़बरों में सब ख़ैरियत नहीं होती

---

1. लालन-पालन, 2. नागरिकता, 3. भेद-भाव।

प्यार को इक पहेली बनाने लगे

प्यार को इक पहेली बनाने लगे
तुम तो आंखों से आंसू छुपाने लगे

हम भी क्या थे कि इक दोस्ती क्या गयी
राह चलतों को दुश्मन बनाने लगे

दम दियों में न देखा, तो ऐसे भी थे
आंधियों से तअल्लुक़ बढ़ाने लगे

सच की चुप मस्लहत की ज़बां क्या हुई
क़त्रे[1] खुद को समन्दर बताने लगे

उम्र बच्चों-सी ज़िद कर रही है 'वसीम'
कोई आये, कहानी सुनाने लगे

---

1. बूंदें।

हादसों की ज़द पे हैं, तो मुसकुराना छोड़ दें

हादसों की ज़द[1] पे हैं, तो मुसकुराना छोड़ दें
ज़लज़लों के ख़ौफ से क्या घर बनाना छोड़ दें

तुमने मेरे घर न आने की क़सम खायी तो है
आंसुओं से भी कहो, आंखों में आना छोड़ दें

प्यार के दुश्मन, कभी तू प्यार से कह के तो देख
एक तेरा दर ही क्या, हम तो ज़माना छोड़ दें

घोंसले वीरान हैं, अब वो परिन्दे ही कहां
इक बसेरे के लिए जो आबोदाना[2] छोड़ दें

---

1. निशाना, 2. दाना–पानी।

न सहर-तलब अंधेरा, न ग़म-आश्ना दिया है

न सहर-तलब[1] अंधेरा, न ग़म-आश्ना[2] दिया है
मेरी ख़िलवतों[3] से पूछो, मुझे तुमने क्या दिया है

मेरी बस्तियां न देखो, यहां वो मकान भी हैं
जिन्हें खुद निगाहबानों[4] ने खण्डहर बना दिया है

वो मुक़ाम-ए-जुस्तजू[5] भी मेरी ज़िन्दगी ने देखा
जहां तेरी कुर्बतों[6] ने मुझे फ़ासिला दिया है

यह शिकस्त-ए-ज़िन्दगी[7] तो मैं क़बूल कर लूं, लेकिन
यह ख़याल है कि तुमने मुझे आसरा दिया है

न बुढ़ाओ बदगुमानी[8] कि 'वसीम' आज उसने
कोई मसलहत[9] ही होगी, जो तुम्हें भुला दिया है

---

1. भोर का अभिलाषी, 2. दु:ख पहचानने वाला, 3. एकान्त, 4. पहरेदारों, 5. जिज्ञासा का स्तर, 6. निकटता, 7. जीवन की पराजय, 8. शंका, 9. भेद-भाव।

दीवार समझती है कि दर कर न सकूंगा

दीवार समझती है कि दर कर न सकूंगा
हिम्मत है, तो क्या मारिका[1] सर[2] कर न सकूंगा

लेना है मुझे साथ, तो मेरा भी भरम रख
मैं तेरे इरादों से सफ़र कर न सकूंगा

अब के वो दबे-पांव चली आती है आंधी
लगता है चराग़ों को ख़बर कर न सकूंगा

मेरे-तेरे रिश्ते में दरारें हैं कुछ ऐसी
चाहूं भी, तो दिल में तेरे घर कर न सकूंगा

---

1. युद्ध, 2. जीतना।

रंग बे-रंग हों, ख़ुशबू का भरोसा जाये

रंग बे-रंग हों, ख़ुशबू का भरोसा जाये
मेरी आंखों से जो दुनिया तुझे देखा जाये

हमने जिस राह को छोड़ा, फिर उसे छोड़ दिया
अब न जायेंगे उधर, चाहे ज़माना जाये

मैंने मुद्दत[1] से कोई ख़्वाब नहीं देखा है
हाथ रख दे मेरी आंखों पे कि नींद आ जाये

मैं गुनाहों का तरफ़दार[2] नहीं हूं, फिर भी
रात को दिन की निगाहों से न देखा जाये

कुछ बड़ी सोचों में ये सोचें भी शामिल हैं 'वसीम'
किस बहाने से कोई शह्र जलाया जाये

---

1. लम्बे समय, 2. पक्षधर।

मैं बुझा, मेरा घर जगमगाता रहा

मैं बुझा, मेरा घर जगमगाता रहा
कुछ लगा भी तो हो, कुछ भी जाता रहा

ज़िन्दगी ने कुछ ऐसे लिये इम्तिहां[1]
मौत का ख़ौफ़ था, वो भी जाता रहा

मानने को यहां कौन तैयार था
लाख मैं अपने-अपने रिश्ते बताता रहा

अब तो समझौता करते बनेगी 'वसीम'
आपके हाथ से वक़्त जाता रहा

---

1. परीक्षा।

जब अपनी सांस ही दरपरदा हम पे वार करे

जब अपनी सांस ही दरपरदा[1] हम पे वार करे
तो फिर जहां में कोई किस पे एतबार[2] करे

वफ़ा की राह में कितने ही मोड़ आयेंगे
बता! ये उम्र कहां तेरा इन्तिज़ार करे

हरएक अपने लिए मेरे जख़्म गिनता है
मेरे लिए भी कोई हो, जो मुझसे प्यार करे

बहुत दिनों मैं ज़माने की ठोकरों में रहा
कहो ज़माने से, अब मेरा इन्तिज़ार करे

सब अपनी प्यास में गुम[3] हैं, यहां तो ऐ साक़ी[4]
कोई नहीं, जो तेरे मैकदे[4] से प्यार करे

---

1. परदे की ओट से छिपकर, 2. विश्वास, 3. खोये हुए, 4. शराब बांटने वाला, 5. मदिरालय।

मैं यह नहीं कहता कि मेरा सर न मिलेगा

मैं यह नहीं कहता कि मेरा सर न मिलेगा
लेकिन मेरी आंखों में तुझे डर न मिलेगा

सर पर तो बिठाने को है तैयार ज़माना
लेकिन तेरे रहने को यहां घर न मिलेगा

जाती है, चली जाये, ये मैख़ाने की रौनक़
कमज़र्फ़ों[1] के हाथों में तो साग़र न मिलेगा

दुनिया की तलब है, तो क़नाअत[2] ही न करना
क़तरे ही से खुश हो, तो समन्दर न मिलेगा

---

1. हलके लोग, 2. सन्तोष।

हम सुबह हो के शाम का साया बने रहे

हम सुबह होके शाम का साया बने रहे
क्या होना चाहिए था, मगर क्या बने रहे

कांटे का ज़ख़्म, फूल की सहबा[1] बने रहे
क्या जाने तुम मेरे लिए क्या-क्या बने रहे

राहें हमारी कितनी अलग थीं, न जाने क्यों
तुम फिर भी ज़िन्दगी का सहारा बने रहे

एक आते, एक जाते ज़माने के दरमियां
हम थे, जो एतबार[3] का रिश्ता बने रहे

इस दौर-ए-नाशनास-ए-हक़ीक़त[4] में ऐ 'वसीम'
कितने गुलाब लाला-ए-सहरा[5] बने रहे

---

1. शराब, 2. बीच में, 3. विश्वास, 4. वास्तविकता से अज्ञान का समय, 5. मरुस्थल का फूल।

अपने हर-हर लफ्ज़ का ख़ुद आईना हो जाऊंगा

अपने हर-हर लफ्ज़[1] का ख़ुद आईना[2] हो जाऊंगा
उसको छोटा कह के मैं कैसे बड़ा हो जाऊंगा

तुम गिराने में लगे थे, तुम समझते ही नहीं
मैं गिरा, तो मसअला[3] बनकर खड़ा हो जाऊंगा

मुझको चलने दो, अकेला है अभी मेरा सफ़र
रास्ता रोका गया, तो क़ाफ़िला हो जाऊंगा

सारी दुनिया की नज़र में है मेरा अहदे-वफ़ा[4]
इक तेरे कहने से क्या मैं बे-वफ़ा हो जाऊंगा

---

1. शब्द, 2. दर्पण, 3. समस्या, 4. प्रेम-करार।

वफ़ा के हुस्न को शरमिन्द-ए-फ़ुग़ां न बना

वफ़ा के हुस्न को शरमिन्द-ए-फ़ुग़ां[1] न बना
जो शम्अ बन के जिये है, उसे धुआं न बना

शिकस्त-ए-इश्क़[2] बहरगाम[3] ज़िन्दगी के लिए
जो हो सके, तो मुझे एक इम्तिहां न बना

अंधेरा दिल में बिठाता रहा उजालों को
मगर उजाला अंधेरे का पासबां[4] न बना

मेरी वफ़ा तो भटकती फिरी ज़माने में
मगर मुसाफ़िर-ए-तनहा[5] से कारवां न बना

तरस रही हैं इक आंसू को आज ये आंखें
'वसीम' ग़म भी बहुत रोज़ हमज़बां[6] न बना

---

1. रुदन से लज्जित, 2. प्रेम की पराजय, 3. क़दम-क़दम पर, 4. रक्षक, 5. अकेला पथिक, 6. साथी।

तुम अपने शह्र की क़ीमत कहां गिराओगे

तुम अपने शह्र की क़ीमत कहां गिराओगे
मिटाना चाहोगे, मुझको मिटा न पाओगे

जले मकानों की चिनगारियों को मिलने दो
तुम अपनी ऊंची इमारत बचा न पाओगे

बस, एक बार समझ लो, यही ग़नीमत[1] है
मैं वो नहीं कि जिसे रोज़ आज़माओगे

बस, एक-दो ही तअल्लुक़[2] बहुत हैं जीने को
बहुत-से रिश्ते बनाये, तो टूट जाओगे

---

1. पर्याप्त, 2. सम्बन्ध।

हमारे ज़र्फ़ का ये इम्तिहान कम न हुआ

हमारे ज़र्फ़[1] का ये इम्तिहान कम न हुआ
ख़ुशी के दौर में रुस्वा[2] तुम्हारा ग़म न हुआ

शिकस्तें[3] खाता रहा और मुसकुराता रहा
मैं वो उजाला हूं, जो तीरगी[4] से कम न हुआ

शराबघर में भी साक़ी[5] से ले के साग़र[6] तक
शरीके-मय[7] तो थे, कोई शरीके-ग़म न हुआ

तरह-तरह तेरे बारे में सोचकर देखा
मगर किसी भी तरह एतबार[8] कम न हुआ

तमाम खिड़कियां दरवाज़े खोल डाले, मगर
घुटा हुआ था जो घर में धुआं, वो कम न हुआ

---

1. क्षमता, 2. बदनाम, 3. पराजय, 4. अंधेरा, 5. मदिरापान कराने वाला, 6. प्याला, 7. शराब के साथी, 8. विश्वास।

तमाम उम्र न जुड़ने का ग़म उठाते हैं

तमाम उम्र न जुड़ने का ग़म उठाते हैं
वो एतबार[1] के रिश्ते, जो टूट जाते हैं

तुम अपने चेहरे का हम से हिसाब ले लेना
ये आइने तो कोई दिन में टूट जाते हैं

जो एक प्यास को पानी न दे सका, फिर भी
उसी को लोग समन्दर बताये जाते हैं

'वसीम' रश्क[2] से देखूं न क्यों परिन्दों को
ये शाम होते घरों को तो लौट आते हैं

---

1. विश्वास, 2. ईर्ष्या।

ये सितम का दौर तो है

ये सितम का दौर तो है, मगर ये नहीं कि इससे मफ़र[1] नहीं
कोई ऐसी शाम बताइये, जो कहे कि मेरी सहर नहीं

अगर इख़्तियार[2] की लज़्ज़तें[3] हैं बहुत अज़ीज़[4] तो अहदेग़म[5]
वो दुआ भी होठों से छीन ले, जो गुनाहगार-ए-असर नहीं

मैं न जाने कब से हूं फ़िक्र में, रहे-ज़िन्दगी[6] तुझे तय करूं
मगर आज तक मेरे अज़्म[7] का, तेरे फ़ासिलों पे असर नहीं

वही रस्म-ए-राज़-ओ-नियाज़[8] है, मगर आज शर्ते-वफ़ा लिये
तुझे आज़माइश-ए-सर[9] नहीं, मुझे आज़माइश-ए-दर नहीं

मैं ग़ज़ल की बज़्म[10] में इसलिए भी इक अजनबी हूं कि ऐ 'वसीम'
मेरे पास ज़ुल्फ़ों[11] की शब[12] नहीं, मेरे पास रुख़[13] की सहर[14] नहीं

---

1. छुटकारा, 2. अधिकार, 3. स्वाद, 4. प्रिय, 5. दु:ख का समय, 6. जीवन-मार्ग, 7. दृढ़निश्चय, 8. प्रेम-परम्परा 9. सिर कटा देने की परीक्षा, 10. गोष्ठी, 11. केशों, 12. रात, 13. मुख, 14. भोर।

मेरे दिल की ग़म-पसन्दी तो ज़रूर कम न होगी

मेरे दिल की ग़म-पसन्दी[1] तो ज़रूर कम न होगी
मगर उनकी आर्ज़ू है, तो अब आंख नम न होगी

मेरी आंख से कुछ आंसू जो बहें, तो ग़म न कीजे
यह शराब अपने साग़र[2] से छलक के कम न होगी

मेरी मौत पे कुछ ऐसे ये चराग़ गुल[3] हुए हैं
मेरे बाद जैसे दुनिया में ये शामे-ग़म न होगी

किसी मयकदे[4] में जाऊं कि हरम[5] में शब गुज़ारूं
मगर ऐसी तश्नगी[6] है, जो 'वसीम' कम न होगी

---

1. दु:खप्रियता, 2. प्याला, 3. बुझे, 4. मदिरालय, 5. पूजास्थल, 6. प्यास।

मेरी हयात! शिकस्तों पे सोगवार न हो

मेरी हयात! शिकस्तों[1] पे सोगवार[2] न हो
कहीं ये रस्म-ए-सितम[3] ही तेरा सिंगार न हो

इक आर्ज़ू की तबाही के ज़िम्मेदार न हो
गुनाह से रोकने वालो! गुनाहगार न हो

कली की तरह अजल-दोस्तों[4] की बस्ती में
वो मुसकुराये जिसे ज़िन्दगी से प्यार न हो

ये बार-बार तेरे सिम्त[5] ज़ह्न[6] का जाना
तुझे भी आज कहीं मेरा इन्तिज़ार न हो

'वसीम' जीना वहीं तक बहुत ग़नीमत है
कि ये हयात जहां तक किसी पे बार[7] न हो

---

1. पराजयों, 2. दुखी, 3. प्रताड़ना की परम्परा, 4. मृत्यु चाहने वाले मित्र, 5. ओर, 6. ख़याल, 7. बोझ।

कैसे कहूं कि वो मेरा ग़मख़्वार ही न था

कैसे कहूं कि वो मेरा ग़मख़्वार[1] ही न था
जो मेरा साथ देने को तैयार ही न था

बस, उथले पानियों में गुज़रनी थी ज़िन्दगी
मैं डूबता कहां, कोई मझधार ही न था

कल रात अपना जाइज़ा[2] लेकर पता चला
मुझसे बड़ा तो कोई गुनहगार ही न था

तुझसे जुदा हुआ हूं तो इक भीड़ हो गया
अब तो मेरी नज़र पे कोई बार[3] ही न था

---

1. दु:ख का साथी, 2. समीक्षा, 3. बोझ।

जो तू नहीं, तो तेरे ख़्वाब देखना क्या है

जो तू नहीं, तो तेरे ख़्वाब देखना क्या है
अधूरे शह्र में रहने से फ़ायदा क्या है

मुसीबतों में उभरती है शख़्सियत[1] यारो
जो पत्थरों से न उलझे, वो आईना क्या है

वो अपने चेहरे का लिक्खा भी पढ़ नहीं सकता
हर इक से पूछ रहा है, मेरा पता क्या है

ये रौशनी के इरादों की बात थी, वर्ना
हवा के सामने नन्हा-सा इक दिया क्या है

हवा की तेज़ी दरीचे[2] में बन्द कर लेना
बस, और इसके सिवा जज़्ब-ए-वफ़ा[3] क्या है

---

1. व्यक्तित्व, 2. खिड़की, 3. प्रेमभाव।

ख़ुश्क आंखें हैं, पलक भी नम नहीं

ख़ुश्क आंखें हैं, पलक भी नम नहीं
अब कोई आंसू शरीके-ग़म नहीं

जिसको लोग आपस में मिलकर बांट लें
ज़िन्दगी ऐसा भी तेरा ग़म नहीं

रोने वाले! मुसकुराना सीख ले
हो सके, तो फूल बन, शबनम[1] नहीं

लाश है अपने तबस्सुम[2] की 'वसीम'
फूल की आग़ोश[3] में शबनम नहीं

1. ओस, 2. मुसकान, 3. गोद।

बस, इन्तिज़ार था, एहसासे-इन्तिज़ार न था

बस, इन्तिज़ार था, एहसासे-इन्तिज़ार[1] न था
वो दिन भी क्या थे कि जब ख़ुद पे इख़्तियार न था

किसी भी चश्मे-करम[2] का उम्मीदवार न था
मैं तश्नालब[3] था, मगर मयकदे[4] पे बार[5] न था

किस आसरे पे तेरे ग़म से अहद[6] कर लेता
हयात भी वो मिली, जिसका एतबार[7] न था

अजीब लोग थे, क़ब्रों पे जान देते थे
सड़क की लाश का कोई भी दावेदार न था

'वसीम' धूप से बचने भी हम कहां आये
इक ऐसे पेड़ के नीचे, जो सायादार न था

---

1. प्रतीक्षा की अनुमति, 2. दयावान दृष्टि, 3. प्यासा, 4. मदिरालय, 5. बोझ, 6. क़रार, 7. विश्वास।

ये मेरा ज़र्फ़ भी शायद किसी नज़र में रहे

ये मेरा ज़र्फ़[1] भी शायद किसी नज़र में रहे
कि सारे ख़्वाब बिखरकर भी चश्मे-तर[2] में रहे

न मेरा ग़म कोई समझा, न मैंने समझाया
वो अश्क हूं, जो किसी चश्मे-मोतबर[3] में रहे

ये आरज़ू ही तबाही का पेशलफ़्ज़[4] बनी
किसी नज़र में रहें और कोई नज़र में रहे

'वसीम' कैसे मेरी मंज़िलें क़रीब आतीं
तमाम उम्र इरादे मेरे सफ़र में रहे

1. क्षमता, 2. भीगी हुई आंख, 3. विश्वसनीय आंख, 4. भूमिका।

न तुझको खोये हुए ही रहा, न पाये हुए

न तुझको खोये हुए ही रहा, न पाये हुए
हयात काट दी इक फ़ासिला बनाये हुए

न संगे-मील[1], न मंज़िल, मगर है जाने-सफ़र[2]
वो इक मोड़ कि अपने जहां पराये हुए

अजीब वक़्त पड़ा है मेरी मुहब्बत पर
ज़माना गुज़रा किसी का ख़याल आये हुए

बड़ा गुमां[3] था कि ये शह्रे-ज़िन्दगी[4] है, मगर
यहां तो जो भी मिला, अपनी लाश उठाये हुए

'वसीम' कल इसी महफ़िल में सर बुलन्द भी थे
जहां पे बैठे हैं हम आज सर झुकाये हुए

---

1. मील का पत्थर, 2. यात्रा की आत्मा, 3. सन्देह, 4. शह्र का जीवन।

किसी शक के हाथों जैसे तुझे मात हो गयी है

किसी शक के हाथों जैसे तुझे मात हो गयी है
तेरी ख़ामुशी[1] कहे है, कोई बात हो गयी है

मैं चला था सूए-मंज़िल[2], तो कोई न साथ आया
मैं भटक गया, तो दुनिया मेरे साथ हो गयी है

वही एक ज़िन्दगी थी, मगर इस तरह से गुज़री
कहीं सुबह बन गयी है, कहीं रात हो गयी है

कभी ऐ 'वसीम' दुनिया में कुछ इस तरह लगे है
कहीं घर से दूर जैसे मुझे रात हो गयी है

---

1. चुप्पी, 2. मंज़िल की ओर।

आज उन राहों में लेकर तेरा ग़म जाये है

आज उन राहों में लेकर तेरा ग़म जाये है
ग़मगुसारी[1] को जहां फ़ासिला थम जाये है

जब्र[2] सह जाऊं, तो जीने की अदा मुजरिम हो
मुसकुराऊं, तो तेरे ग़म का भरम जाये है

कौन जाने, किसी राही की यही मंज़िल हो
पांव उठता है, तो इक नक़्शे-क़दम[3] जाये है

लाख ख़ुशियों की ज़मानत दिये जाये उमीद
फिर भी दिल से कहीं अन्देशा-ए-ग़म[4] जाये है

आज हालात इक ऐसी जगह ले आये 'वसीम'
अपने बारे में जहां सोचा भी कम जाये है

---

1. दु:ख में साथ निभाना, 2. अत्याचार, 3. पद्‌चिह्न, 4. दु:ख का सन्देह।

वो मेरे बालों में यूं उंगलियां फिराता था

वो मेरे बालों में यूं उंगलियां फिराता था
कि आसमां के फ़रिश्तों को प्यार आता था

उसे गुलाब की पत्ती ने क़त्ल कर डाला
वो सब की राहों में कांटे बहुत बिछाता था

तुम्हारे साथ निगाहों का कारोबार गया
तुम्हारे बाद निगाहों में कौन आता था

सफ़र के साथ सफ़र के नये मसाइल[1] थे
घरों का ज़िक्र[2] तो रस्ते में छूट जाता था

1. समस्याएं, 2. चर्चा।

मय तो मेरे लहू की प्यासी है

मय[1] तो मेरे लहू की प्यासी है
तेरे चेहरे पे क्यों उदासी है

इन दिनों तुम जो रूठे-रूठे हो
ज़िन्दगी भी ख़फा-खफ़ा-सी है

और कुछ देर मुसकुराते हैं
फिर वही हम, वही उदासी है

तेरे ग़म से कनाराकश[2] होकर
दिल है और दिल की बे-लिबासी[3] है

तल्ख़ियां[4] उम्र बन गयीं हैं 'वसीम'
ज़िन्दगी कोई बददुआ-सी है

---

1. शराब, 2. अलग, 3. निर्वस्त्रता, 4. कड़वाहटें।

तमाम उम्र बड़े सख़्त इम्तिहान में था

तमाम उम्र बड़े सख़्त इम्तिहान[1] में था
वो फ़ासिला, जो तेरे-मेरे दरमियान[2] में था

परों में सिमटा, तो ठोकर में था ज़माने की
उड़ा, तो एक ज़माना मेरी उड़ान में था

उसी पे हो गया कुर्बान दो दिलों का मिलाप
वो जायदाद का झगड़ा, जो ख़ानदान में था

तुझे गंवा के कई बार ये ख़याल आया
तेरी अना[3] ही में कुछ था, न मेरी आन में था

---

1. परीक्षा, 2. मध्य, 3. घमण्ड।

मुझे पूछने का हक़ दे कि ये एहतिमाम क्यों है

मुझे पूछने का हक़ दे कि ये एहतिमाम[1] क्यों है
मेरे साथ प्यास क्यों है, तेरे पास जाम क्यों है

जिसे मेरी तीर-बख़्ती[2] से फ़रोग़[3] मिल रहा हो
वही सुबह पूछती है, मेरे घर में शाम क्यों है

तेरी बेनियाज़ियों[4] को कभी सोचना पड़ेगा
जहां तेरी गुफ़्तगू[5] है, वहां मेरा नाम क्यों है

यहां रौशनी का लाना, अगर इक गुनह[6] से कम हो
तो ये सुबह के मसीहा[7] पे सलीबे-शाम[8] क्यों है

मैं 'वसीम' वक़्त से भी अभी मुतमइन[9] नहीं हूं
मुझे इससे ये गिला[10] है कि ये सुस्तगाम[11] क्यों है

---

1. व्यवस्था, 2. भाग्य के अंधेरे, 3. उन्नति, 4, उपेक्षाओं, 5. चर्चा, 6. पाप, 7. जीवनदाता, 8. शाम की सूली, 9. सन्तुष्ट, 10. शिकायत, 11. धीमा चलने वाला।

न कोई शरीक चाहे, न ये ग़मगुसार मांगे

न कोई शरीक चाहे, न ये ग़मगुसार[1] मांगे
मेरी शाम की ख़मोशी बस इक इन्तिज़ार मांगे

मैं गुलाब तो नहीं हूं, मगर ऐ चमननसीबो![2]
मेरा दिल भी फूल-जैसे ही कुछ इख़्तियार[3] मांगे

तेरे बेज़रर[4] फ़रिश्तों से भरी पड़ी है दुनिया
मगर इस जहां की रौनक़[5] तो गुनहगार मांगे

कहीं बेज़बान ख़ुश्बू को न ले उड़ें हवाएं
तेरे जिस्म का ये मौसम कोई पहरेदार मांगे

---

1. दु:ख के साक्षी, 2. जिनके भाग्य में बाग़ हो, 3. अधिकार, 4. हानिरहित, 5. चमक-दमक।

शबे-मयख़ाना भी जब तुझ पे गरां गुज़रेगी

शबे-मयख़ाना[1] भी जब तुझ पे गरां[2] गुज़रेगी
ज़िन्दगी तू ही बता दे कि कहां गुज़रेगी

तूने इक बज़्म[3] को रौशन तो किया है, लेकिन
उम्रे-शम्अ तेरी बन के धुआं गुज़रेगी

ज़िन्दगी तेरे लिए मैंने बहुत कुछ खोया
ये न समझा था कि बेनाम-ओ-निशां गुज़रेगी

आज पी लेने दे, साक़ी, मुझे जी लेने दे
कल मेरी रात ख़ुदा जाने कहां गुज़रेगी

उन से कह दो मुझे ख़ामोश ही रहने दें 'वसीम'
लब पे आयेगी, तो हर बात गरां गुज़रेगी

---

1. मदिरालय की रात, 2. भारी, 3. महफ़िल।

न सोचकर कभी अंजामे-गुमरही मैंने

न सोचकर कभी अंजामे-गुमरही[1] मैंने
इस एक उम्र में तेरी तलाश की मैंने

ख़ुशी की धूप में तल्ख़ी[2] थी, इसलिए ऐ दोस्त
हयात साया-ए-ग़म[3] में गुज़ार दी मैंने

तमाम रात, तेरी आंख का ख़याल बख़ैर
लबों से जाम लगाकर गुज़ार दी मैंने

मेरी उदास निगाही 'वसीम' काफ़ी थी
सबूते-ग़म[4] के लिए आंख तर न की मैंने

---

1. पांव फिसलने का अन्त, 2. कड़वाहट, 3. दुःख का साया, 4. दुःख का प्रमाण।

किसी ऐसी आर्ज़ू में जो कही-सुनी न जाये

किसी ऐसी आर्ज़ू में जो कही-सुनी न जाये
वहां उम्र काट आये, जहां सांस ली न जाये

मैं तमाम ही तो ख़्वाबों का लहू पिला चुका हूं
मगर ऐ ग़मे-ज़माना तेरी तश्नगी[1] न जाये

जो हयात[2] ले के आयी, वो तेरे लबों[3] को पहुंची
मेरे लब पे तो वो आयी, जो हंसी हंसी न जाये

वो नशा ही क्या, जो तेरे किसी ग़म की राह रोके
वो शराब क्या, जो मेरे ही लहू को पी न जाये

न हो आस का सहारा, तो 'वसीम' ज़िन्दगी है
वो सदा जो दी न जाये, वो दुआ जो की न जाये

---

1. प्यास, 2. जीवन, 3. होठों।

तेरी बज़्म तक तो आऊं, जो ये आना रास आये

तेरी बज़्म[1] तक तो आऊं, जो ये आना रास आये
ये सुना है, जो गये हैं, वो बहुत उदास आये

वो दिल आप मिट रहेंगे, तेरा ग़म उठा न जिनसे
वो चराग़ क्या जलेंगे, जिन्हें शब न रास आये

मैं शराब पी रहा हूं, मेरे पास कैसी फ़ुर्सत
किसी और वक़्त ग़म से कहो, मेरे पास आये

कभी ऐ 'वसीम' पहुंचे, जो ग़मों में मुसकुराने
उठा शोर मयकदे[2] में कि वो देवदास आये

---

1. महफ़िल, 2. मदिरालय।

न आस टूटी, न आंखों से इन्तिज़ार गया

न आस टूटी, न आंखों से इन्तिज़ार गया
इक एतबार पे मैं एक उम्र हार गया

इसी उजालों की बस्ती में वो भी रहता था
जो एक शब की तरह ज़िन्दगी गुज़ार गया

किसी गुलाब की ख़ुशबू से हम भी महकेंगे
इस आस पर ही यहां मौसमे-बहार गया

हमारे प्यासे लबों पर कुछ उंगलियां ही उठीं
मगर तुम्हारी तो महफ़िल का एतबार गया

जो छोड़ आये उसी अंजुमन[1] में जाओ 'वसीम'
वहीं क़रार मिलेगा, जहां क़रार गया

---

1. सभा।

मिटे वो दिल, जो तेरे ग़म को ले के चल न सके

मिटे वो दिल, जो तेरे ग़म को ले के चल न सके
वही चिराग़ बुझाये गये, जो जल न सके

हम इसलिए नयी दुनिया के साथ चल न सके
कि जैसे रंग यह बदली है, हम बदल न सके

मैं उन चिराग़ों की उम्रे-वफ़ा[1] को रोता हूं
जो एक शब[2] भी मेरे दिल के साथ जल न सके

मैं वो मुसाफ़िरे-ग़मगीं[3] हूं, जिसके साथ 'वसीम'
खिज़ां[4] के दौर भी कुछ दूर चल के चल न सके

---

1. प्रेम की आयु, 2. रात, 3. दुखी यात्री, 4. पतझड़।

किसको बतायेगा यहां, शाम है ये सहर नहीं

किसको बतायेगा यहां, शाम है ये सहर नहीं
जब तेरे इख़्तियार[1] में तेरा ख़ुद अपना घर नहीं

चलती हुई हवा के इक झोंके की हमसफ़र बने
मेरे दियों की रौशनी इतनी भी कमनज़र[2] नहीं

कैसे हुआ, कहां हुआ, प्यार अजीब चीज़ था
उसको भी कुछ पता नहीं, मुझको भी कुछ ख़बर नहीं

आंख में आंख डालकर बात तो करके देखता
इतना भी एतमाद[3] उसे अपनी निगाह पर नहीं

1. क़ाबू, 2. तुच्छ दृष्टि वाली, 3. भरोसा।

सांस का मतलब जान नहीं है

सांस का मतलब जान नहीं है
जीना कोई आसान नहीं है

प्यार की बाज़ी हार गये, तो
हार के भी नुक़सान नहीं है

ज़ों में वह जंग है जारी
जिसका कोई ऐलान नहीं है

गांव के मेले-पनघट देखो
शहर में हिन्दुस्तान नहीं है

आज की दुनिया उसको जाने
जिसकी कोई पहचान नहीं है

ज़िन्दगी है और दिले-नादान है

ज़िन्दगी है और दिले-नादान[1] है
क्या सफ़र है और क्या सामान है

मेरे ग़म को भी समझकर देखते
मुसकुरा देना बहुत आसान है

मैंने हंस-हंसकर गुज़ारा है तुझे
ज़िन्दगी तुझ पर मेरा एहसान है

मौत को यूं याद करते हो 'वसीम'
जैसे मर जाना बहुत आसान है

---

1. नादान दिल।

समन्दर दिल में है, इज़हार के प्यासे-से लगते हैं

समन्दर दिल में है, इज़हार[1] के प्यासे-से लगते हैं
सदाओं[2] के ज़माने में जो सन्नाटे से लगते हैं

अजब एहसास है गर्दे-गुनाह[3] छूकर गुज़र जाये
तो अपने आपको हम देर तक मैले-से लगते हैं

न मेरी आंख में आंसू, न तू चेहरे से बे-चेहरा
मिले हैं मुद्दतों में हम, तो समझौते-से लगते हैं

---

1. अभिव्यक्ति, 2. आवाज़ों, 3. पाप की धूल।

दियों का क़द घटाने के लिए रातें बड़ी करना

दियों का क़द घटाने के लिए रातें बड़ी करना
बड़े शह्रों में रहना हो, तो फिर बातें बड़ी करना

मुहब्बत के घरों के कच्चेपन को ये कहां समझें
इन आंखों को तो बस आता है बरसातें बड़ी करना

मुहब्बत में बिछड़ने का हुनर[1] सबको नहीं आता
किसी को छोड़ना हो, तो मुलाक़ातें बड़ी करना

---

1. कला।

सोचते ही रहे, साथ छूटे हुए

सोचते ही रहे, साथ छूटे हुए
कैसे मिल जाते हैं लोग बिछड़े हुए

एक आंधी का क़िस्सा सुनाते रहे
फूल बिखरे हुए, पेड़ टूटे हुए

वक़्त की गर्द[1] में वक़्त ही रह गया
लोग बातें हुए, लोग क़िस्से हुए

---

1. धूल।

बेसम्ती का मौसम सारा, मंज़र प्यासा-प्यासा था

बेसम्ती[1] का मौसम सारा, मंज़र[2] प्यासा-प्यासा था
मैंने ही आवाज़ तुझे दी, तू तो इक सन्नाटा था

हम दोनों इक प्यास के मारे ख़ाली-ख़ाली बैठे थे
और हमारी रग-रग में इक पागल दरिया बहता था

वो तो कच्चे बेरों की इक गठरी लेकर निकली थी
उसको क्या मालूम कि इस बाज़ार में क्या-क्या बिकता था

---

1. दिशाहीनता, 2. दृश्य।

तख़ातुब में जो मेरे नाम का एलान हो जाये

तख़ातुब[1] में जो मेरे नाम का एलान हो जाये
तुम्हारा क्या बिगड़ता है, मेरी पहचान हो जाये

किसी से कोई भी उम्मीद रखना छोड़कर देखो
तो ये रिश्ते निभाना किस क़दर आसान हो जाये

दबाये जाने से इक मौज बेवक़अत[2] नहीं होती
यही ख़तरा लगा रहता है, कब तूफ़ान हो जाये

---

1. सम्बोधन, 2. अस्तित्वहीन।

रोज़ सड़कों पे लहू यूं जो बिखर जायेगा

रोज़ सड़कों पे लहू यूं जो बिखर जायेगा
राहगीरों की तरह कौन गुज़र जायेगा

ये तो सैलाब है, ढूंढेगा नशेबों[1] की ज़मीं
मेरे घर आने से पहले तेरे घर जायेगा

मैंने चाहा है तुझे आम-से[2] इंसां की तरह
तू मेरा ख़्वाब नहीं है, जो बिखर जायेगा

---

1. नीची धरती, 2. साधारण।

दूरी हुई, तो उनसे क़रीब और हम हुए

दूरी हुई, तो उनसे क़रीब और हम हुए
ये कैसे फ़ासिले थे, जो बढ़ने से कम हुए

शायद ग़मे-ज़माना[1] तेरी जीत हो गयी
मुद्दत हुई इन आंखों को बेवज्ह नम हुए

आंसू सुपुर्दे-ज़ब्त[2] सुपुर्दे-क़लम हुए
तब जा के ऐ 'वसीम' ज़माने में हम हुए

---

1. दुनिया के दुःख, 2. धैर्य को समर्पित।

तेरे साथ रहने पे बस नहीं, तुझे भूलना भी मुहाल है

तेरे साथ रहने पे बस नहीं, तुझे भूलना भी मुहाल[1] है
मैं कहां गुज़ारूं ये ज़िन्दगी, मेरे सामने ये सवाल है

दिले-तश्ना-तश्ना[2] ये भूल जा कि यह पा लिया, वो गंवा दिया
यह हयात सिर्फ़ सवाल है, ये ज़माना सिर्फ ख़याल है

दिले-शीश-ए-सितम-आश्ना[3]! तू शिकस्त खा के बिखर गया
हो नज़र में आने पे नाज़ भी, जहां टूटने का मलाल[4] है

---

1. असम्भव, 2. प्यासे दिल, 3. अत्याचार को भोगने वाला मन-रूपी दर्पण, 4. दु:ख।

ये कौन है, जो ऐसे मुझे खोल रहा है

ये कौन है, जो ऐसे मुझे खोल रहा है
मुझ में है, मगर मुझसे अलग बोल रहा है

रख देता है ला-ला के मुक़ाबिल[1] नये सूरज
वो मेरे चिराग़ों से कहां बोल रहा है

मेयारे-ज़माना[2] तो कभी कुछ है, कभी कुछ
तू कैसी तराज़ू में, मुझे तोल रहा है

---

1. सम्मुख, 2. समकालीन आदर्श।

तनहा-तनहा

यह सोचकर कोई अहदे–वफ़ा[1] करो हमसे
हम एक वादे पे उम्रें गुज़ार देते हैं

✣

उसे कैसे बताऊं साथ छुट जाना यक़ीनी[2] है
मुसाफ़िर से सफ़र का हौसला[3] छीना नहीं जाता

✣

लगा रहा हूं तेरे नाम का फिर एक गुलाब
मलाल[4] यह है, ये पौधा भी सूख जायेगा

✣

वह छीन रहा था मेरी आंखों का उजाला
दुनिया ये समझती रही रुख़्सत[5] की घड़ी है

✣

अपने माज़ी[6] से कभी मिलने चला आता हूं
तेरे इस शह्र से वर्ना मेरा क्या रिश्ता है

✣

वह सुबह तेरी तरह थी, जो मुझसे रूठ गयी
ये शाम मेरी तरह तेरे इन्तिज़ार में है

✣

ये ज़िन्दगी का सफ़र भी अजीब ही निकला
सफ़र में सब हैं, मुसाफ़िर कोई नहीं लगता

✣

किसी अमीर का रस्ता कहीं न रुक जाये
ग़रीब लोग हैं, चौराहा छोड़ देते हैं

✣

मैं उसको आंसुओं से लिख रहा हूं
कि मेरे बाद कोई पढ़ न पाये

✣

---

1. साथ देने की प्रतिज्ञा, 2. निश्चित, 3. उत्साह, 4. दुःख, 5. बिछड़ने, 6.अतीत।

प्यार के बारे में इतना नहीं सोचा जाता
उससे कह दो, मेरी आंखों का सफ़र ख़त्म करे

✢

मुझे पढ़ता कोई तो कैसे पढ़ता
मेरे चेहरे पे तुम लिक्खे हुए थे

✢

बे-सम्त[1] हुए जाते हो, एक साथ की ख़ातिर
यूं राह में मुड़-मुड़ के मेरी सम्त[2] न देखो

✢

मैं उससे नज़रें मिलाते हुए भी डरता हूं
कि आंखों-आंखों में वह ज़ह्न[3] पढ़ने लगता है

✢

तमाम[4] रात वह पढ़ती रही, वही नाविल
कि जिसके हीरो पे मेरा गुमान[5] होता था

✢

किसी का राज़[6] किसी से कभी नहीं कहते
ये एहतियात[7] अंधेरों में पायी जाती है

✢

वह मेरी पीठ में ख़ंजर ज़रूर उतारेगा
मगर निगाह मिलेगी, तो कैसे मारेगा

✢

सकूते-गोरे-ग़रीबां[8] को तोड़ जाता है
दिया जला के यहां कौन छोड़ जाता है

✢

ग़रीब लहरों पे पहरे बिठाये जाते हैं
समन्दरों की तलाशी कोई नहीं लेता

✢

---

1. दिशाहीन, 2. ओर, 3. मस्तिष्क, 4. सारी, 5. भ्रम, 6. भेद, 7. सावधानी, 8. क़ब्र का सन्नाटा।

आंखें गुनाहगार, तो नींदें सज़ा हुईं
तुम क्या गये कि घर की कनीज़ें[1] ख़फ़ा हुईं

✣

इक शाख़[2] से उड़ा था परिन्दों[3] का क़ाफ़िला[4]
उड़ने के बाद सब की उड़ानें जुदा हुईं

✣

एक मजबूर के तबस्सुम[5] में
और सब कुछ है, ज़िन्दगी कम है

✣

नज़र में आयेंगे चेहरे न जाने किस-किसके
दुआएं मांगिये महफ़िल में रौशनी कम हो

✣

रौशनी से हैं दामन बचाये
कितने ख़ुद्दार[6] होते हैं साये

✣

सुलगती आंखों से उनवाने-शाम[7] लिखता है
दिये की लौ पे कोई तेरा नाम लिखता है

✣

मैं ऐसे लोगों में अपनों का ज़िक्र करता था
जिन्हें कभी मेरे अपनों से वास्ता[8] न पड़े

✣

बुझते हैं, तो बुझ जायें, कोई ग़म नहीं करते
हम अपने चराग़ों की लवें कम नहीं करते

✣

मैं जिन दिनों तेरे बारे में सोचता हूं बहुत
उन्हीं दिनों तो ये दुनिया समझ में आती है

✣

---

1. दासियां, 2. डाल, 3. पक्षियों, 4. झुण्ड, 5. मुसकान, 6. स्वाभिमानी, 7. शाम का शीर्षक, 8. पाला।

ज़िन्दगी चन्द सांसों की मेहमान है
ज़िन्दा रहना यहां कितना आसान है

✣

जहां गुलाब-सा खिलता कोई नज़र आये
मैं एक शाख़[1] की मानिन्द कांप जाता हूं

✣

शराफ़तों[2] को ज़माने में मोहतरम[3] कर दे
मेरे ख़ुदा मेरी आंखों का बोझ कम कर दे

✣

हम अपने लिए थे, न ज़माने के लिए थे
हां दश्त[4] में कुछ फूल खिलाने के लिए थे

✣

इस एक आस पे मुड़कर कभी नहीं देखा
कि जिसने छोड़ दिया है, वही पुकारेगा

✣

हमें भी ख़्वाबों की दुनिया अज़ीज़[5] है, लेकिन
ज़मीं पे रहने का एहसास मारे देता है

✣

गुलदान[6] में लगा भी लिया उसने तोड़कर
मैं फूल को निगाह से छूता ही रह गया

✣

कितनी गुनाहगार[7] है रातों की ज़िन्दगी
देखो किसी चराग़ की आंखों में झांककर

✣

मैं उसको पूज तो सकता हूं, छू नहीं सकता
जो फ़ासिलों की तरह मेरे साथ रहता है

✣

---

1. टहनी, 2. सज्जनता, 3. सम्माननीय, 4. जंगल, 5. प्रिय, 6. फूलदान, 7. पापी।

वह महफ़िलों में सबकी निगाहों का शग़ल[1] थी
लेकिन किसी के घर की कहानी न बन सकी

✣

शायद उसे यह दर्द का पहलू[2] पता न था
वह देखता, तो एक ही आंसू में क्या न था

✣

बुझा तो जायेगी इस घर की रौशनी, लेकिन
हवा चराग़ के आगे ठहर नहीं सकती

✣

जिसे महसूस करना चाहिए था
उसे आंखों से देखा जा रहा है

✣

वक़्त की गर्द[3] में वक़्त ही रह गया
लोग बातें हुए, लोग क़िस्से हुए

✣

पतंग-जैसा ये उड़ना भी कोई उड़ना है
कि उड़ रहे हैं, मगर दूसरों के हाथ में हैं

✣

उसने क्या लाज रखी है मेरी गुमराही की
कि मैं भटकूं तो भटककर भी उसी तक पहुंचूं

✣

'वसीम' रूठ गये वह, तो रूठ जाने दो
ज़रा-सी बात है, बढ़ जायेगी मनाने से

✣

नये दौर के चराग़ो तुम्हें कितनी हसरतों[4] से
वह मकान तक रहे हैं, जहां रौशनी न पहुंची

✣

---

1. खेल, 2. पक्ष, 3. धूल, 4. लालसा।